Andreas Beutel

Mer-Ka-Ba

KOHA KOMPAKT

Andreas Beutel

Mer-Ka-Ba

Lichtkörper, Herzensraum und heilige Geometrie

Inhalt

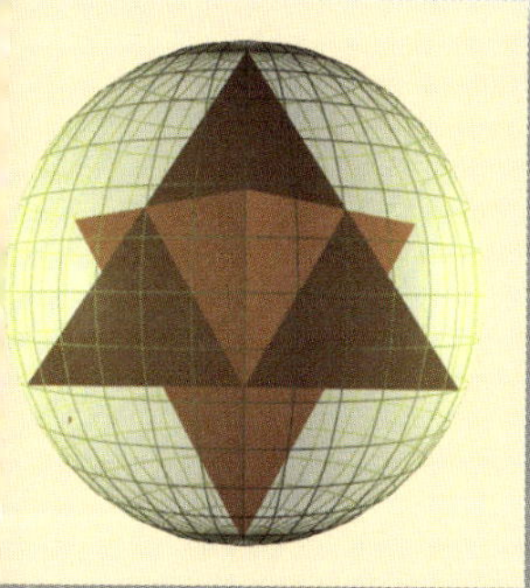

1. Einleitung

Die Menschheit im Jahre 2012 steckt scheinbar in einer Krise. Statt allgemeinen Wohlstands, Freiheit und der Freude, auf einem wunderschönen Planeten zu leben, werden nach wie vor viele Kriege geführt, das Militär rüstet fleißig weiter auf, und die Kriegsrhetorik bestimmt die Nachrichten in alle Richtungen. Die politischen und wirtschaftlichen Systeme kollabieren, und immer mehr Menschen leiden bei einer ständig größer werdenden Kluft zwischen Arm und Reich. Würde ein Prophet auf unsere heutige Zeit schauen, könnte er zu dem Schluss kommen, wir wären mitten in der Endzeit der Zivilisation.

Vielleicht ist es nicht das Ende der Welt, aber es scheint so, als stünde ein viel größerer Paradigmenwechsel bevor, als es der Zusammenbruch des Ostblocks im Kalten Krieg gewesen ist. Der Wechsel, der sich gerade im Bewusstsein der Menschheit anbahnt, ist der Wechsel von einer Lösungssuche im Außen hin zu der Erkenntnis, dass die Lösung des Rätsels, wer der Mensch ist, wo er herkommt und was sein Platz auf dieser Welt ist, im Innen liegt.

Viele religiöse Schriften erzählen davon, dass die Welt, die wir für die Realität halten, nur eine Illusion ist. Hinter dieser Realität gibt es ein universelles Bewusstsein, das den ganzen Kosmos als lebendiges Wesen durchzieht. Aus diesem universellen Bewusstsein jenseits aller Formen und Worte ist ein Netz entstanden, in dem sich Welten entwickeln und ausbreiten konnten, die nur aus reiner Energie bestehen. Die einfachen geometrischen Regeln dieses Grundmusters haben eine unendliche Formenvielfalt der Natur ermöglicht, die sich doch immer wieder auf das eine Urbewusstsein zurückführen lässt.

Anfang der Neunzigerjahre begann der Amerikaner Drunvalo Melchizedek (Abb. S. 11), Seminare unter dem Titel »Flower of Life Workshop« zu geben. Flower of Life, die Blume des Lebens, ist ein Symbol aus der Heiligen Geometrie, das weltweit an vielen Tempeln und heiligen Stätten dargestellt wird (Abb. S. 10). Es enthält alles Wissen über den Aufbau der Realität, zusammengefasst in einem Zeichen. Mit Hilfe der Blume lassen sich viele Facetten der Naturwissenschaft wie beispielsweise der Aufbau des Lichtes, der Musik und der Geometrie des Menschen entschlüsseln. Der größte Schlüssel jedoch ist das Wissen um die Merkaba, den Lichtkörper des Menschen. Nach Drunvalo Melchizedek entstammt der Name ägyptischen Mysterienschulen, die mit *Mer* ein gegenläufig drehendes Feld bezeichneten, das den Geist *(Ka)* und den Körper *(Ba)* eines Menschen umfasst. Das Auftauchen des Wissens um den Lichtkörper des Menschen ist Teil einer ganzen Reihe von Schulen, die in den letzten 40 Jahren damit begannen, dieses ursprünglich geheime Wissen wieder in die Öffentlichkeit zu bringen.

Im Laufe der Geschichte tauchten unterschiedliche Konzepte über den Aufbau der Welt und die Rolle des Menschen darin auf. Viele Mystiker sprachen von einem Körper Gottes, der das Universum selbst ist. Dieser Körper spiegelt sich in einem immateriellen Körper des Mensch wider, der nach dem

großen Ebenbild erschaffen worden sein soll. In der jüdischen Mystik bildet die Hekhalot-Literatur um die Merkaba ein weites Gebiet, das sich über viele Jahrhunderte zieht. Im Hebräischen wird das göttliche Gefährt »Merkabah« genannt und als Thronwagen und Thron Gottes betrachtet. Mystiker, die sich mit diesem Gefährt auf die Reise machten, die Paläste Gottes zu erfahren, nahmen eine asketische Vorbereitung auf sich, um die Merkaba zu erlangen und den Weg bis zum Thron Gottes zu gehen.

In der Geschichte des Universums spielt das Wissen um die Merkaba eine große Rolle. Sie ist das Ursprungsmuster, das Leben entstehen lässt, und besitzt gleichzeitig die Möglichkeit, je nach Dimension und Bewusstseinsstufe verschiedene Formen anzunehmen. Innerhalb der sichtbaren Welten gab es in der Geschichte mehrere Versuche, dieses Muster zu

kopieren und auf künstlichem Wege zu nutzen. Dies führte am Ende immer wieder zu größeren Katastrophen, die die Geschichte ganzer Planeten beeinflusst haben. Eines dieser Experimente der jüngeren Zeit mündete im Untergang von Atlantis und wirkt bis heute in die Geschichte der Menschheit hinein.

Hinter den ganzen Verwirrungen der Menschheitsgeschichte steckt ein verborgener Kampf zwischen dem Kopf und dem Herzen. Während der Weg des Kopfes über das Außen läuft, führt der Weg des Herzens in unser Innerstes hinein. Dort liegt ein Schlüssel verborgen zu einem neuen Verständnis, was Merkaba wirklich ist und wie die Menschheit geheilt werden kann. Dieser Schlüssel findet sich in alten Schriften und im Wissen vieler Urvölker um den Aufbau der Realität. Jetzt, wo wir uns der magischen Zeitenwende der Maya nähern, besteht die Möglichkeit, das Tor nach innen wieder zu öffnen, die alten Verletzungen zu heilen und der Menschheit eine neue Richtung zu geben. Das Auftauchen der Lehre um die Merkaba könnte der Schlüssel sein, der uns zu verstehen hilft, wer wir wirklich sind und wo die Reise hingeht.

2. Heilige Geometrie und Blume des Lebens

Eine der ältesten Wissenschaften der Menschheit ist die Geometrie, deren Spuren sich bereits bei den ersten Hochkulturen in Geometrien, Symmetrien und Mustern finden. Die Formen der Landschaft bildeten die Grundlage für Mythen und Erzählungen. Die Sternbilder sind Abbilder, die der Mensch in die Anordnung der Sterne projiziert hat. So ist es nur natürlich, dass der Mensch anfing, das sogenannte Übernatürliche zu ordnen und auch dem Göttlichen Strukturen zuzuschreiben. Dabei wurde von einer göttlichen Geometrie oder Sprache erzählt, die das Universum ausmacht. Diese Geometrie bildet die Grundlage aller Formen im Universum.

Fast alle Religionen betrachten unser Universum als einen lebendigen Organismus, der sich seiner selbst bewusst ist und ein ewiges Bewusstsein besitzt, das alles durchdringt – der Urgrund allen Seins und nicht durch Worte zu fassen, da diese immer eine Begrenzung in sich tragen. Aus sich selbst heraus begann dieses Urbewusstsein, sich zu teilen und Form, Struktur und Welten entstehen zu lassen, in denen das Leben als Aspekt des Bewusstseins experimentieren kann und die Möglichkeit hat, sich selbst zu erfahren.

Schon bei der Betrachtung der ersten und höchsten göttlichen Formen spielen Zahlen als strukturierende Ordnungsmacht eine wichtige Rolle. Die bekannteste Struktur ist die Dreifaltigkeit, die Einteilung der göttlichen Persönlichkeit in die drei Aspekte Vater, Sohn und Heiliger Geist. In anderen Kulturen findet sich diese Dreiheit als Vater, Mutter und Kind oder als Brahma, Vishnu und Shiva wieder. Auch entdecken wir wichtige Zahlensysteme in den Engelshierarchien, bei den Aposteln oder Tierkreiszeichen. Den Oberbegriff für all diese Studien bildet die Heilige Wissenschaft. Die Formensprache dazu ist die Heilige Geometrie. »Heilig« meint hier »heil« oder »gesund«. Die Vorsilbe »Geo-« steht für den griechischen Namen der Göttin des Planeten Erde: Gaia. »Metrie« bezeichnet das Messen oder das Maß. Somit steht die Geometrie für das Maß der Göttin, die Wissenschaft vom Urmaß der Erde, das alles durchzieht und einheitlich ist.

Die ägyptische Hochkultur besaß ein sehr hoch entwickeltes Wissen der Geometrie und ihrer Zusammenhänge. Viele Bauwerke lassen erkennen, dass ihrer Konstruktion geometrische Proportionen zugrundeliegen. In ägyptischen Mysterienschu-

len war die Geometrie Bestandteil der Schulung der Einzuweihenden, um sie den Aufbau höherer Strukturen im Universum zu lehren. Die Einweihung in die Geometrie erfolgte schrittweise durch Meditationen über einzelne geometrische Zeichnungen, die Abbilder der Bewegung des Bewusstseins in der großen Leere am Anfang der Schöpfung sind.

Das ganze Wissen der Geometrie ließ sich in einem Schlüssel zusammenfassen, der »die Blume des Lebens« genannt wird. Die Blume des Lebens ist ein Kreismuster, das von zwei größeren Kreisen umgeben ist. Die Anordnung der Kreise ergibt sich durch einfaches Zeichnen mit dem Zirkel, bei dem sechs Kreise um einen mittleren Kreis herum gezeichnet werden.

Die Blume des Lebens ist nicht nur auf ägyptischen Tempelmauern dargestellt, sondern in Tempeln und heiligen Stätten auf der ganzen Welt. Es gibt eine ganze Reihe von weltweit bekannten Symbolen der okkulten Wissenschaften, die nachweisbar aus der Blume des Lebens abgeleitet werden können. Dazu gehören der jüdische Baum des Lebens, das fernöstliche Yin-Yang-Symbol und verschiedene Schriftsysteme der ganzen Welt.

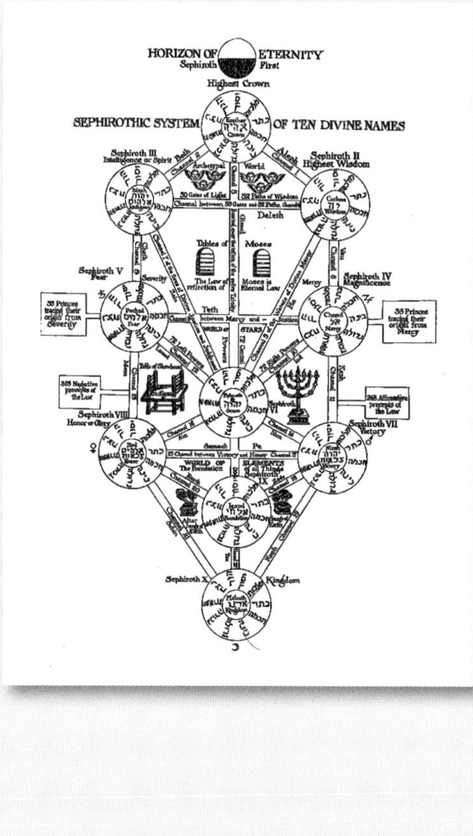

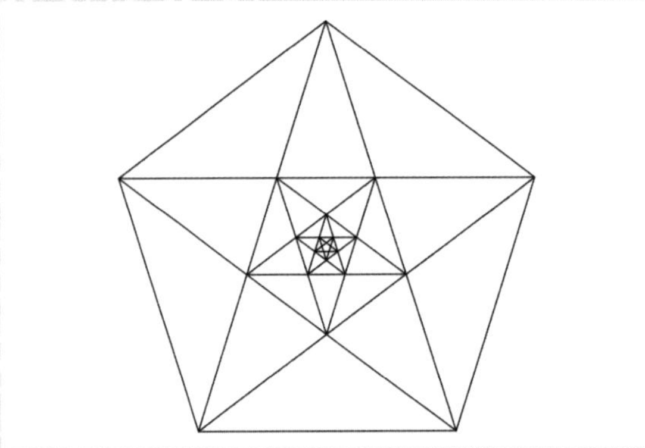

Fraktal und Selbstähnlichkeit

Eine wichtige Persönlichkeit des ägyptischen Götterhimmels war Thoth, der Gott der Weisheit und der Schrift. Er brachte den Menschen zur damaligen Zeit einen großen Teil des Wissens und wurde als Mittler zwischen den Menschen und den Göttern betrachtet. In späteren Zeiten trat er als Hermes Trismegistos in Griechenland auf. Dort hinterließ er einen ganzen Kanon an Schriften und Hinweisen, die viele Mystiker, Okkultisten und Forscher inspiriert haben. Einen Teil der Überlieferung des Hermes stellen die hermetischen Gesetze dar, eine Sammlung von Grundregeln zum Aufbau des Universums. Das »Kybalion« als eine mögliche Überlieferung von Thoth nennt sieben hermetische Gesetze. Das erste Gesetz, das Prinzip der Geistigkeit, besagt, dass der Urgrund der Welt geistiger und nicht materieller Natur ist. Dieses Gesetz spricht damit von der Weltenseele oder dem Urbewusstsein als Grundlage von allem, was ist.

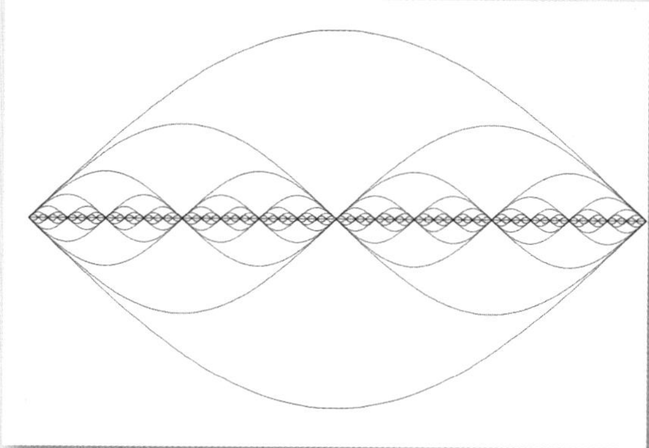

Das zweite Gesetz aus dem Kybalion ist die wahrscheinlich bekannteste Regel des Hermes. Sie lautet: »Wie oben, so unten.« Innerhalb der sichtbaren Welt ähnelt sich auf allen Maßstabsebenen alles, vom Großen bis zum Kleinen, in seinen Formen und Strukturen. Begeben wir uns auf den Maßstab der großen kosmischen Strukturen, sehen wir Galaxien, welche aus Sternen bestehen, die um ein Zentrum kreisen. Eine Maßstabsebene tiefer sind diese Sterne selbst Zentrum eines Sonnensystems, das von Planeten umkreist wird. Die Planeten wiederum werden von Monden als Teil der nächstkleineren Ebene umrundet. Auf den kleinsten Ebenen finden wir die Atome, in denen die Elektronen die Rolle der Planeten übernehmen, die den Kern umrunden.

Das hier beschriebene Gesetz der Selbstähnlichkeit lässt sich sehr schön am Beispiel der Heiligen Geometrie darstellen. Eine einfache Figur ist der Fünfstern, auch Pentagramm genannt (Abb. S. 18). Dieser symmetrische Stern wird umgeben von einem Fünfeck, dem Pentagon. In der Mitte des Fünfsterns befindet sich ein kleines Fünfeck, in das wiederum ein Fünfstern hineinpasst. Dieser Fünfstern trägt in seiner Mitte ebenfalls ein kleineres Fünfeck. So sind alle Fünfecke als Teil der selbstähnlichen Struktur des Goldenen Schnittes miteinander verbunden.

Ein Grund für das Phänomen der Selbstähnlichkeit in der Natur liegt in der Struktur von Schwingungen. Viele Völker erzählen in ihren Schöpfungsmythen vom Urlaut, aus dem die Welt entstanden ist. Im Johannes-Evangelium heißt es: »Im Anfang war das Wort, und das Wort war bei Gott ...« Der indische Gott Brahma wird beinahe wortgleich als das anfangslose höchste Wort bezeichnet. Vom indischen Raum mit dem Urlaut OM, aus dem die Form entstand, reichen die Erzählungen bis zu den Aborigines in Australien, in deren Legenden ihr Gott die Welt aus dem Klang des Didgeridoos hat entstehen lassen.

Wenn dieser Urton erklingt, entstehen unendlich viele Obertöne mit selbstähnlichen Mustern (Abb. S. 19). Die Zweiteilung führt zur Oktave, die sich durch alle Ebenen zieht. Weitere mögliche Teilungsmuster sind die Trinität und der Goldene Schnitt, der eben im Fünfeck zu sehen war.

Das Prinzip der Selbstähnlichkeit ist auch in der Kette Galaxie – Sonnensystem – Planet – Mond ... Atom anzutreffen. Während unsere herkömmliche Physik meist in linearen Abständen denkt, ist die Ähnlichkeit unterschiedlicher Maß-

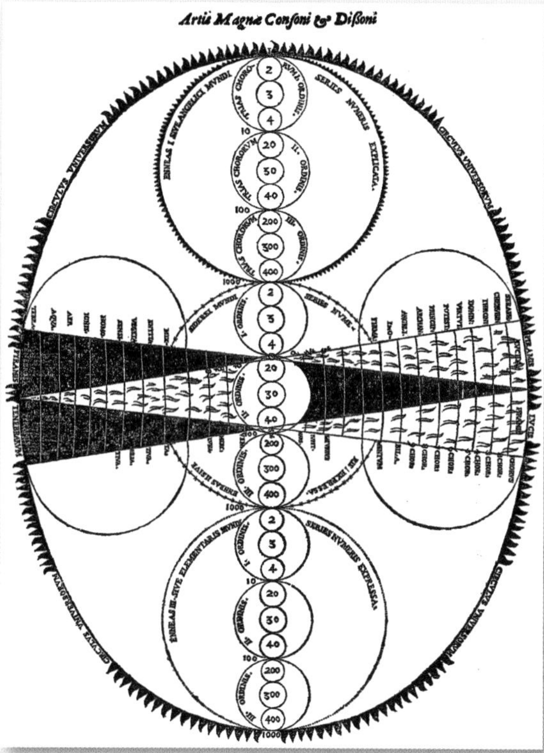

stabsebenen ein grundlegendes Naturphänomen, das kaum beachtet wird. Der Abstand zwischen den einzelnen Ebenen ist nicht linear, sondern exponentiell, beispielsweise in der Oktave durch die ständige Verdoppelung der Tonfrequenz. Dieser exponentielle Zusammenhang liegt beinahe all unseren Sinnen zugrunde. Zwischen der kleinsten Lichtmenge bei Dunkelheit und der Helligkeit bei Sonnenschein liegt ein Unterschied von ca. einer Milliarde Einheiten. Auf einer exponentiellen Skala beträgt der Abstand jedoch nur neun Einheiten. Nach diesem Prinzip sind die nächsten Sterne nicht Lichtjahre, sondern nur einen Schritt auf der nächsten Maßstabsebene entfernt. Selbst unser mathematisches Rechnen basiert auf diesem Gesetz, wie Untersuchungen an Urvölkern zeigen konnten. Es ist nicht vom Menschen erdacht, sondern Hinweis auf einen exponentiellen Aufbau der Welt.

Dimensionen

In dem Universum, in das sich das eine Bewusstsein hineingefaltet hat, gibt es viele verschiedene Welten und Dimensionen. Diese Dimensionen kann man als Schwingungsbereiche verstehen, in die sich das Bewusstsein mit Hilfe der Merkaba einschwingen kann, um die entsprechenden Welten zu erfahren. Dabei sind die Wege von einer Dimension zur nächsten über die exponentielle Ebene sehr kurz.

All diese Grundlagen lassen sich aus dem Bauplan der Geometrie ableiten. In der ägyptischen Mysterienschule wurde gelehrt, wie der Anfang der Schöpfung begann. Das unendliche Bewusstsein hat die Möglichkeit, sich zu einem Punkt zusammenzuziehen oder ins Unendliche gleiten zu lassen. Am Anfang der Welt zog sich das Bewusstsein zu einem Punkt zusammen, um von dort aus das geometrische Feld auszulegen. In einer ersten Bewegung breitete es sich mit einzelnen Strahlen in die sechs Raumrichtungen aus. Die Eckpunkte wurden verbunden zu einem Körper aus zwei Pyramiden, dem Oktaeder, der sich in einem ersten Tanz um sich selbst drehte und eine Kugel erschuf. So entstand die weibliche Urform.

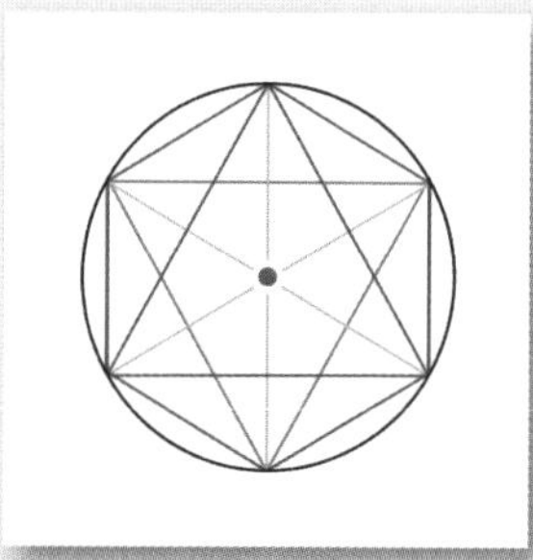

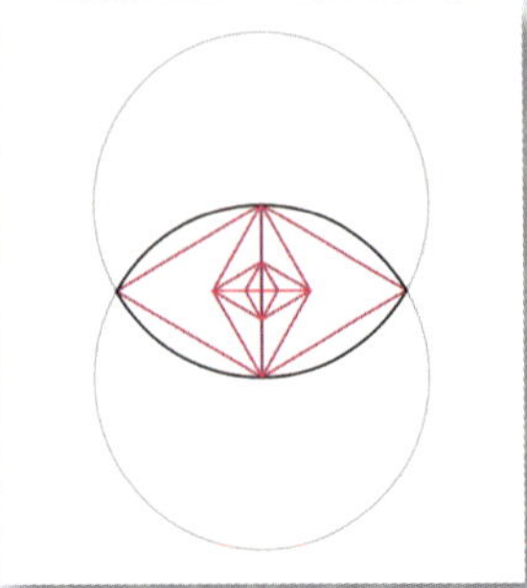

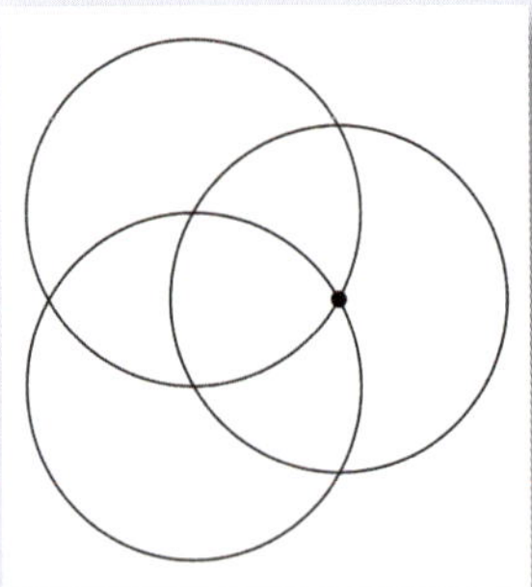

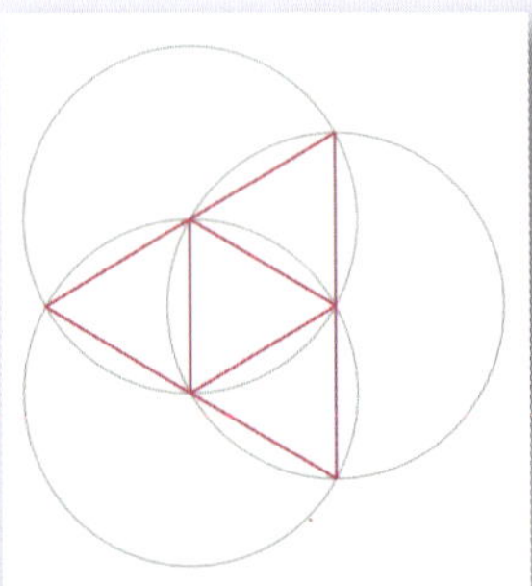

Diese Kugel ist identisch mit der Welle des ersten Klanges, der aus dem Urlaut entsteht. Die Aufgabe, die sich das Bewusstsein für dieses Universum gestellt hat, bestand darin, alle Möglichkeiten auszuprobieren, die das Leben bietet. Aus der Kugel heraus war es nur ein weiterer Schritt, um das wichtigste Maß des Universums zu erschaffen: die Fischblase. Das Bewusstsein bewegte sich aus der Mitte der Kugel heraus an die Oberfläche, um eine weitere Kugel zu erschaffen. Diese zwei Kugeln überlappen sich in einer Art Linse, die »Fischblase« oder »Vesica Pisces« genannt wird. In diesem ersten Tag ist der Bauplan des Lichts enthalten, ähnlich wie es in der biblischen Schöpfungsgeschichte beschrieben ist; er findet sich noch heute in der Form von Augen und Pflanzen (Abb. oben). Von da aus hat sich das Bewusstsein zur Schnittkante der beiden Kugeln bewegt. Es entstand eine weitere Kugel – der zweite Tag (Abb. Mitte). In dieser Zeichnung kann man ein großes Dreieck finden, das in vier kleinere unterteilt wird (Abb. unten). Es ist der Bauplan des Tetraeders und der Merkaba, der sich hier zeigt.

Das Sterntetraeder

Das Tetraeder ist Teil einer Familie von fünf geometrischen Körpern, welche die Grundbausteine der materiellen Welt bilden. Diese fünf sogenannten platonischen Körper sind die einzig möglichen Formen, die aus einer regelmäßigen Fläche wie Dreieck, Quadrat oder Fünfeck bestehen. Ihre Eigenschaften führen dazu, dass sie seit Platon den fünf Elementen zugeordnet werden.

Das Oktaeder (Abb. S. 26), das am Anfang aus den Raumrichtungen entstand, besitzt acht Flächen und zählt zum Luftelement. Das Tetraeder (Abb. S. 26) mit seinen vier Flächen ist dem Feuer zugeordnet. Der Würfel (Abb. S. 26) aus sechs Quadraten steht wegen seiner aufrechten Stabilität in Verbindung mit dem Erdelement. Die letzten beiden, Ikosaeder (Abb. S. 26) mit zwanzig Flächen und Dodekaeder (Abb. S. 27) mit zwölf Flächen, gehören zu den Elementen Wasser bzw. Äther.

Aus der Familie der platonischen Körper sind immer zwei dual zueinander. Sie ergänzen sich so, dass sie einander durchdringen und die Spitzen des einen Körpers in den Mitten der Flächen des anderen austreten. Ein solches Paar bilden Oktaeder und Würfel (Abb. S. 27 oben rechts), ein weiteres Dodekaeder und Ikosaeder (Abb. S. 27 unten links). Der fünfte Körper in dieser Reihe, der am zweiten Tag der Schöpfung entsteht, ist das Tetraeder. Er ist dual zu sich selbst. Zwei Tetraeder können sich zu einem Sterntetraeder durchdringen

Oktaeder

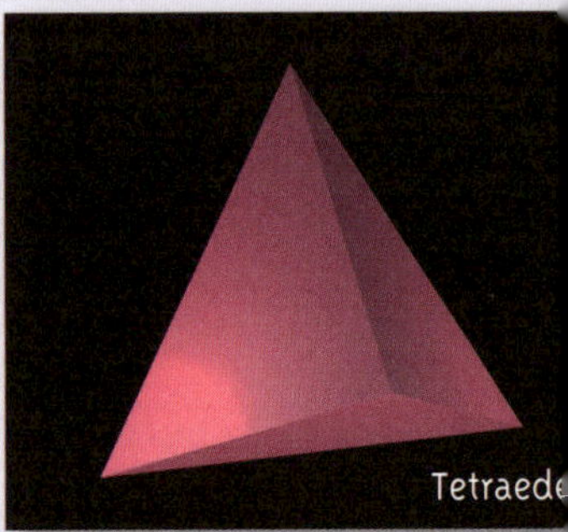
Tetraede

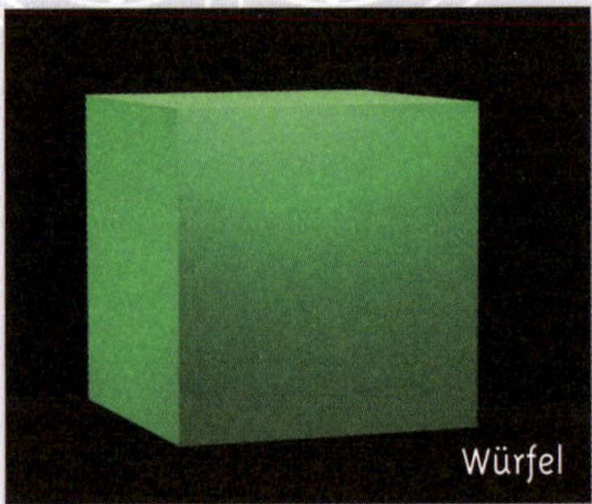
Würfel

Ikosade

(Abb. S. 27), bei dem die Spitze des einen in der Mitte der Dreiecksfläche eines anderen erscheint. Wenn sich beide im perfekten Gleichmaß durchdringen, sieht man auf der Dreiecksfläche eines Tetraeders die Spitze des zweiten Tetraeders stehen. Dieses Sterntetraeder ist die Basis der menschlichen Merkaba.

Nach dem zweiten Tag bewegt sich das Bewusstsein weiter zu den nächsten Schnittpunkten entlang dem Ursprungskreis. Mit jedem Schritt entstehen neue Zeichnungen, die ei-

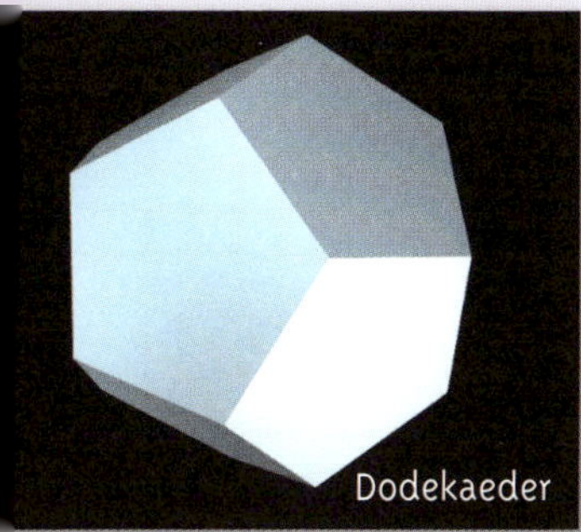

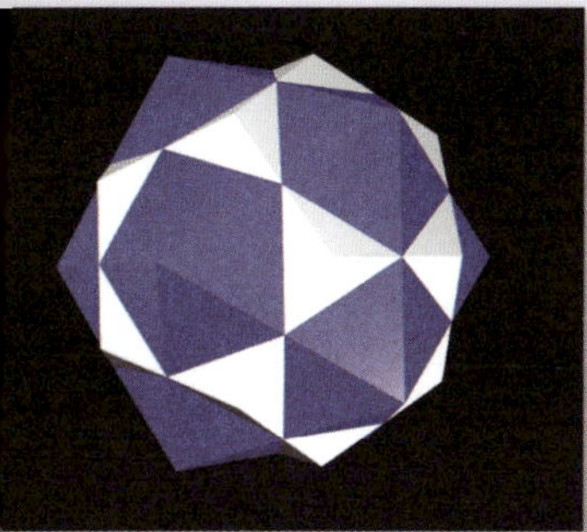

nem räumlichen Modell entsprechen und einen Teil der Realität beschreiben. Am sechsten Tag vollendet sich das Muster, wenn alle Kreise um den inneren gezeichnet sind (Abb. S. 28 links).

Die Bewegung der Bewusstseinskugel entlang dem ersten Kreis formt ein räumliches Muster, das aussieht wie ein Ring, ähnlich einem Donut oder Bagel. Der Mathematiker nennt es »Torus« (Abb. S. 28 rechts), eine Form, die uns im Alltag ständig begegnet. In der Seitenansicht ist zu sehen, dass der

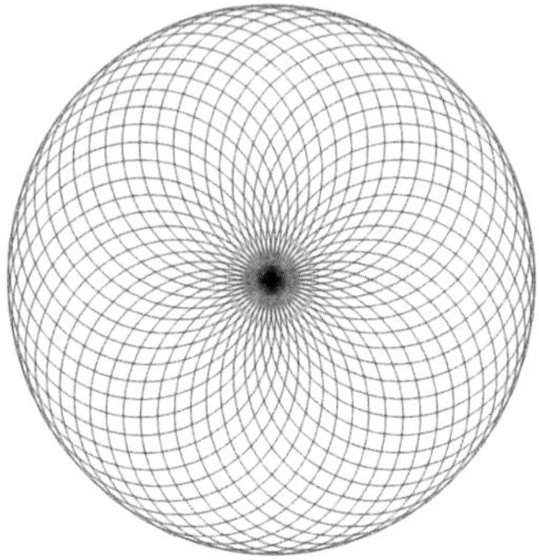

Torus eine Mittelachse besitzt, auf der sich oben und unten ein Wirbel befindet (Abb. S. 29 oben).

In der Form eines Apfels finden wir diese Wirbel bei Stiel und Blüte wieder (Abb. S. 29 unten links). Auch eine Tomate ist ähnlich gebaut. Es könnte auch ein Schmetterling sein, bei dem der Körper die Hauptachse bildet und die Flügel immer nur innerhalb des Torus schlagen. Selbst ein Baum zeigt dieses Muster auf. Seine Lebenssäfte fließen im Stamm aufwärts und entfalten sich zu Blättern und Früchten. Fallen diese zu Boden, gehen sie wieder in die Erde ein, um beim nächsten Kreislauf erneut in den Stamm aufzusteigen. Wie oben, so unten findet sich dieses Muster auch in großen und kleinen Maßstäben wieder.

In einem Torus fließen die Energien der beiden Wirbel von oben und unten nach innen zur anderen Seite. In der Mitte, wo sich die Energieströme aus beiden Richtungen begegnen, bildet sich dann eine Scheibe mit geometrischen Formen.

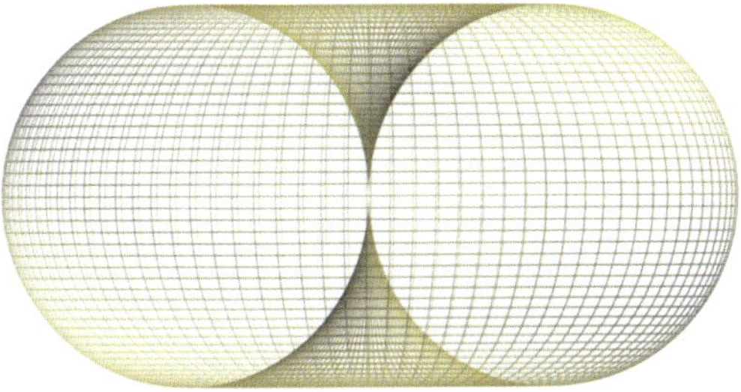

Das einfachste Beispiel ist hier der Apfel, der, waagerecht aufgeschnitten, einen Fünfstern ergibt (Abb. unten rechts).

Auch im Großen spielt diese Symmetrieebene eine Rolle. Das Feld der Sonne unseres Sonnensystems ist aufgebaut wie ein riesiger Torus. In der Waagerechten bewegen sich in diesem Organismus die Planeten. Die Muster der einzelnen Him-

melskörper in Abstand und Umlaufformen ergeben immer wieder geometrische Grundmuster und Proportionen.

Nach dem Torus folgen weitere Schritte, die zu neuen Symbolen führen. Außerhalb der sieben Kreise befinden sich sechs Schnittpunkte, an denen sich sechs neue Kreise zeichnen lassen; sie tragen ein neues Muster in sich: das Ei des Lebens.

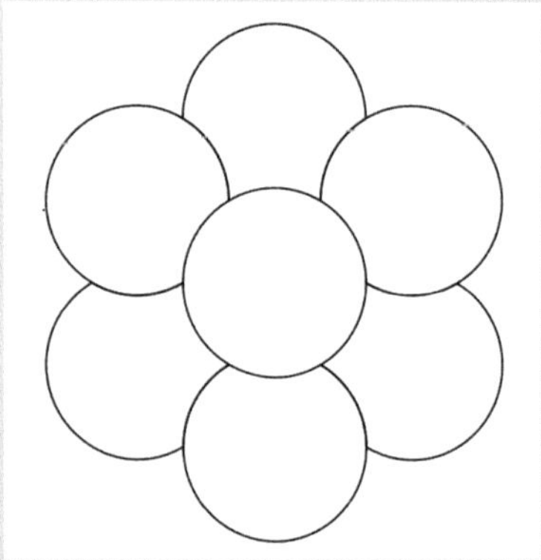

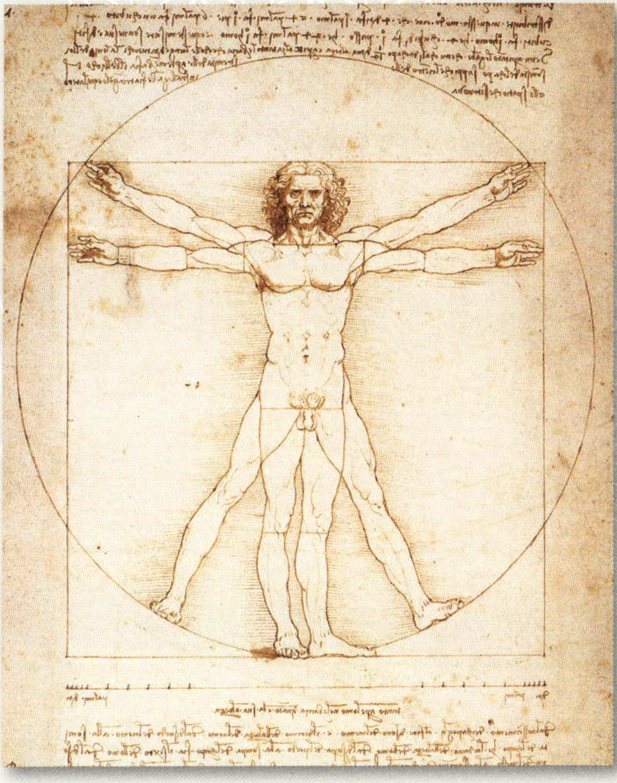

3. Informations- und Lebensfeld

Mit den modernen Methoden der Wissenschaft gelingt es der Menschheit, immer tiefer in das Geheimnis des Lebens einzutauchen. Wir wissen heute bereits sehr viel über die Schritte, die zur Entstehung eines Menschen führen. Wovon wir noch recht wenig wissen, ist die immaterielle Seite des Menschen. Indem sich die Wissenschaft der östlichen Weisheit öffnet und die Messtechnik sensibler wird, ist auch diese Seite immer klarer erkennbar.

Embryologie

Betrachten wir die Entwicklung eines einzelnen Embryos, beginnend mit der ersten Eizelle, folgt diese Entfaltung den Symbolen der Heiligen Geometrie, die mit der Urkugel angefangen hat. Die Kugel ist die Form, aus der alles Leben entsteht. Nicht nur der Mensch, sondern auch viele andere Wesen starten mit der Kugelform ins Leben. Froschlaich, Eigelb, Schneckeneier – alle beginnen mit dieser Form. Die menschliche Eizelle ist umgeben von einer Hülle, wie sie auch die Blume des Lebens symbolisch in ihren zwei äußeren Kreisen umgibt. Schon diese erste Eizelle besitzt ein eigenes schwaches torusförmiges Lebensfeld, das sich in ihrer Form ausdrückt. Im Moment der Verdoppelung der DNS, kurz vor der eigentlichen Zellteilung, ordnen sich die einzelnen Chromosomen symmetrisch in einer Scheibe an (Abb. S. 33 oben).

Wie die Samen eines Apfels bilden sie eine Sternform. Wenn die Zelle sich in zwei Zellen teilt, bilden sie das Muster der beiden sich überlappenden Kugeln mit der Fischblase und der Geometrie des Lichtes ab. Teilen sich diese zwei Zellen, entstehen vier Zellen, die ein perfektes Tetraeder formen (Abb. Mitte). Jede Zelle entspricht einer Ecke des Tetraeders.

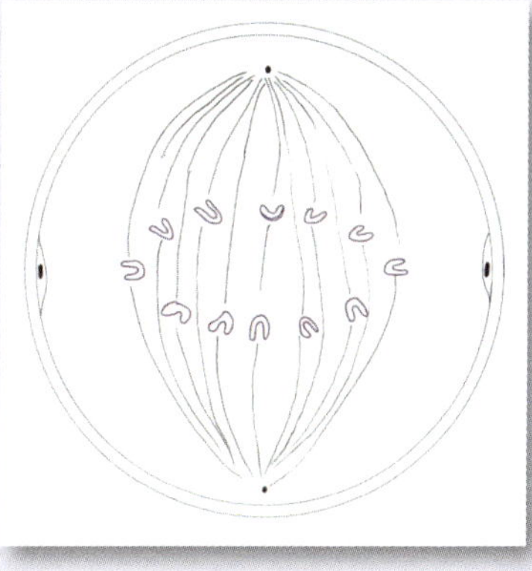

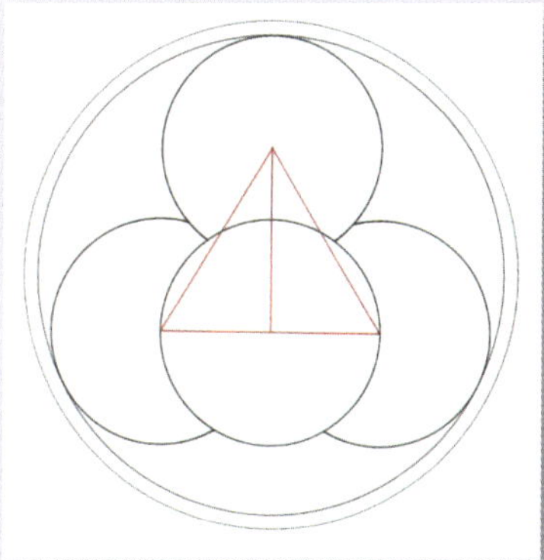

Im nächsten Schritt entstehen acht Zellen in der Form eines Würfels: das Ei des Lebens (Abb. unten). Dieses Stadium bleibt uns ein Leben lang als Teil der Keimbahn im Körper erhalten.

Nach den acht Zellen beginnt der Embryo nach außen zu wachsen. Dabei spiegelt die Zellteilung in einer mathematischen Folge das Innere und das Äußere des Menschen. Die einzelnen Zellen verdoppeln sich von einer Stufe zur nächsten. Wir beginnen mit einer

Zelle, dann zwei Zellen, dann vier usw. Im Außen bildet sich diese Folge in unserer Ahnenreihe ab. Wir haben zwei Eltern, vier Großeltern, acht Urgroßeltern usw.

Nachdem sich der Embryo am Anfang noch innerhalb der Zona Pellucida teilt, wird diese Hülle bei ca. 256 oder 512 Zellen aufgelöst, und die Blastozyste nistet sich in der Gebärmutter ein. Die Blastozyste hat wieder eine Kugelform; sie spaltet an der Oberfläche eine Platte zu einer linsenförmigen Struktur ab und zeigt noch einmal das Fischblasenstadium.

Zu Beginn ist diese sogenannte Keimscheibe mit den Keimblättern noch ohne Struktur. Sie bildet jedoch recht schnell die Körperachsen aus und lässt in der Mitte eine Furche entstehen, aus der sich später Wirbelsäule, Blutkreislauf und Verdauungsorgane ergeben. Auf der Energieebene ist dies der Kanal, in dem später die Pranaröhre liegt.

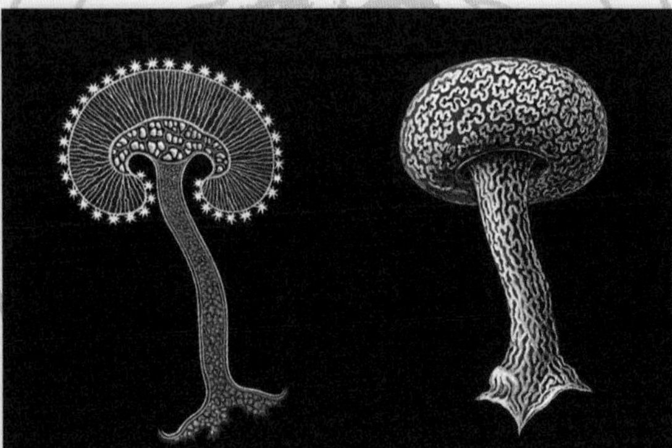

Ist der Embryo schon etwas größer, gelangt die Lebensenergie, die sich auf beiden Seiten des Nabels einwirbelt, über die Nabelschnur in den Organismus. Diese beiden Wirbel bilden beim Embryo den Kopf einerseits und die unteren Organe andererseits. Diese Struktur gleicht der eines Pilzes oder einer Baumkrone. So ist es kein Wunder, dass der Nabel bei der Geburt die Mitte des Körpers darstellt. Von hier aus werden alle Bereiche des Körpers gleichberechtigt mit Energie und Nährstoffen versorgt.

Der menschliche Kanon

Mit der Geburt geschieht jedoch etwas Besonderes. Bis zur Geburt verläuft die Hauptenergieversorgung über den Nabel in den Körper. Mit dem ersten Atemzug stellt das Kind seine Atmung von der Vor-Zurück-Achse auf die senkrechte Körperachse um. Damit richtet sich das neue Leben darauf ein, über die Senkrechte selbstständig mit der Erde und dem Kosmos verbunden zu sein.

Während der Kopf des Babys bei der Geburt ungefähr ein Viertel der gesamten Körpergröße beträgt, verschieben sich im Laufe des Wachstums die Proportionen des ganzen Organismus hin zu dem gültigen Kanon, den Leonardo da Vinci in seiner berühmten Zeichnung dargestellt hat.

Der Kopf eines ausgewachsenen Menschen misst ein Achtel bis ein Zehntel der Körperhöhe. Die Arme ergeben nach außen gestreckt das gleiche Maß. Man kann somit ein Quadrat um den menschlichen Körper zeichnen. Die Mitte dieses Quadrates ist die Mitte des Körpers, an der die Beine in den Schritt übergehen. Der Nabel hat sich nach oben zum Goldenen Schnitt der Körpergröße verschoben, dem harmonischen Maß, das uns im Fünfeck begegnet ist (Abb. S. 37 links).

So wie das ganze Universum selbstähnlich ist, ist auch der menschliche Körper selbstähnlich. Er spiegelt sein Gesamtbild auf allen Ebenen wider. In der Irisdiagnose bildet die Iris den gesamten Organismus ab. In der chinesischen Medizin

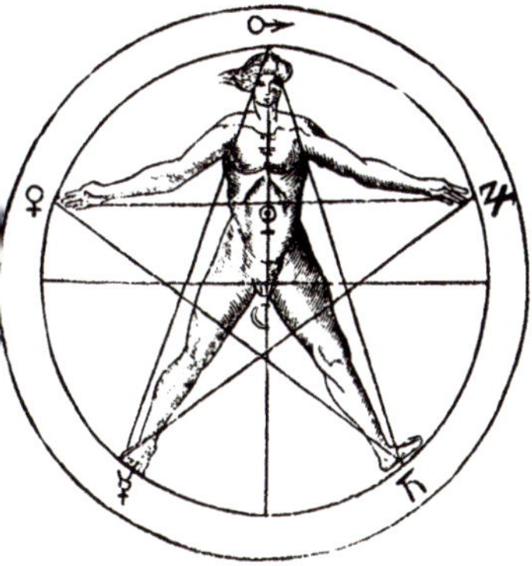 

spiegeln das Ohr, die Hände und die Füße den ganzen Körper. Auch in der äußeren Form lässt sich diese Selbstähnlichkeit entdecken. Der Goldene Schnitt des Nabels wiederholt sich in fast allen Körperproportionen bis in den kleinsten Knochen. Wenn der Mensch in einem Fünfeck steht, bilden die beiden Beine die Basis, die Arme die nächsten äußeren beiden Punkte und der Kopf die obere Spitze. Dieses Fünfeck teilt sich nach den Gesetzen des Goldenen Schnittes in immer kleinere Fünfecke auf. Die geschachtelte Fünferstruktur pflanzt sich bis in die äußeren Ecken des großen Fünfecks fort. Wie die Äste eines Baumes strecken sich die Arme und Beine aus und verzweigen sich dabei in immer mehr Knochen. An den Gliedmaßen hat der Mensch in Hand und Fuß fünf Finger oder Zehen. Am oberen Pol, im Kopf, bildet sich das Fünfeck in den fünf vorderen Öffnungen des Kopfes ab. Wenn der Mensch seinen Arm nach oben streckt, lässt sich die Höhe in zwei Strecken teilen: von der Spitze des Mittelfingers bis zum Kopf und vom Scheitel bis zum Boden. Dabei entspricht im Verhältnis die lange Strecke dem Durchmesser der Erde und die kurze Strecke dem Durchmesser des Mondes. Die Gesamtlänge vom höchsten Punkt bis zum Boden bildet den Durchmesser eines Kreises, der den gleichen Umfang hat wie das Quadrat aus Körpergröße und Armen und Beinen. So ist die Quadratur des Kreises und das Sonnensystem in uns abgelegt (Abb. S. 37 rechts).

Auch das Innere des Körpers mit seinen Organen spiegelt den gesamten Kosmos wider. Das Zentrum des Organismus bildet das Herz mit dem Blutkreislauf. Es steht für die Sonne als Zentrum unseres Sonnensystems. Im Sonnensystem sind es die Planeten, die die Sonne umkreisen. Im Körper sind es die Organe, die den Planeten zugeordnet werden und die das Herz umkreisen. Dabei bewegen sich die Organe nicht auf einer Umlaufbahn, sondern werden von der Umlaufbahn, dem Blut, durchflossen.

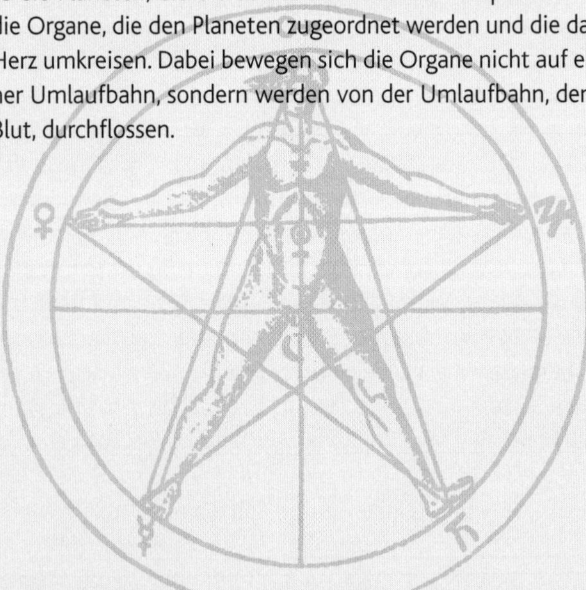

Das Feld des Herzens

Unser Körper hat neben seiner materiellen Seite auch eine unsichtbare Dimension. Mit der Entdeckung der Elektrizität wurde bemerkt, dass die Muskeln auf schwache elektrische Signale reagieren. Heute ist messbar, dass der Mensch in seinem Inneren ein elektrisches Wesen ist. Jede Zelle besitzt eine gewisse Eigenspannung, die sie am Leben erhält. Kollabiert diese Spannung, stirbt die Zelle. Jedes Organ besitzt ein eigenes Energiefeld, das unterschiedlich stark ausgeprägt ist. Das Gehirn als eines der Organe mit dem höchsten Energieverbrauch hat ein sehr schwaches Feld, das sich nur mit großem Aufwand messen lässt. Die Schwingungen dieses Feldes werden in unterschiedliche Frequenzbereiche unterteilt und mit griechischen Buchstaben – Alpha, Beta, Gamma, Delta und Theta – benannt. Tagsüber befindet sich unser Gehirn die meiste Zeit im Betabereich zwischen 13 und 38 Schwingungen pro Sekunde. Je höher dabei die Frequenz ist, desto aufgeregter ist das Bewusstsein. Entspannen wir uns dagegen, sinkt die Frequenz in den Alpha-, Theta- und Deltabereich. Wenn wir in den Zwischenbereich zwischen Wachen und Träumen eintauchen, beginnen vor dem inneren Auge alle möglichen Bilder und Filme aufzutauchen. Das ist der Zeitpunkt, wenn wir aus dem Alpharhythmus in den Thetabereich hinuntergleiten.

Das stärkste Energiefeld des menschlichen Körpers besitzt das Herz. Als kräftiger Muskel, der ständig arbeitet, sendet es ein torusförmiges Feld von ca. 9 Metern Durchmesser aus;

seine Energie ist bis zu 100-mal stärker als die Energie des Gehirns und kann viel leichter gemessen werden; dazu genügt schon eine einfache Pulsuhr.

Mittlerweile haben sich viele Forscher von der Beobachtung des Gehirns hin zu einer Beobachtung des Herzens verlagert. Es besitzt eine eigene Zellinsel aus Nervenzellen, die denen im Gehirn ähneln. Der Frequenzbereich des Herzens reicht von ca. 30 bis zu 200 Schlägen in der Minute. Dabei werden die unteren und oberen Bereiche nur in Extremfällen bei Meditation und im Leistungssport erreicht. Das entspannte, untrainierte Herz schlägt mit ca. 60 Schlägen in der Minute, also einmal pro Sekunde. Über die Beobachtung der Herzfrequenzvariabilität ist es heute möglich, zu erkennen, ob das Herz entspannt ist, unter Stress steht oder fliegt. Für den technikgläubigen Menschen ist damit eine neue Möglichkeit entstanden, sich wieder mit der Gefühlsseite seines Körpers zu verbinden. Wir lernen, auf das Herz zu hören, und entdecken seine eigene Intelligenz, die zwar subtiler, aber weiser als die des Gehirns ist.

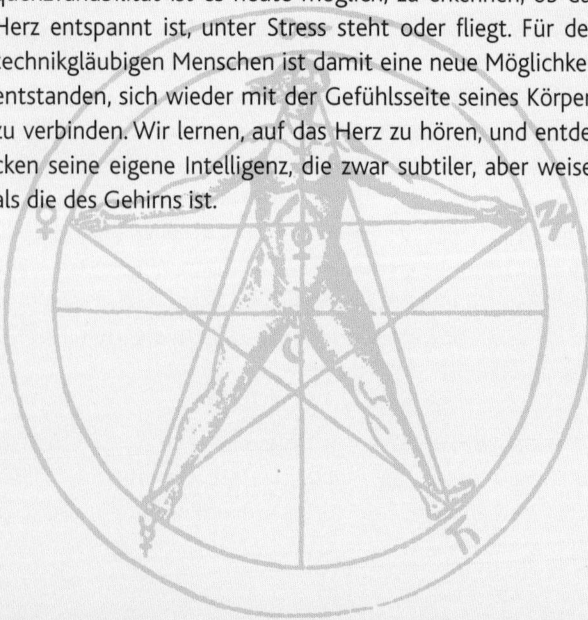

Die Aura

Neben den mit der momentanen physikalischen Messtechnik bestimmbaren Energien gibt es Hinweise auf Formen von Energien, die zwar spürbar sind, aber noch nicht exakt gemessen werden können. Feinfühlige Menschen mit ihrer erhöhten Sensibilität berichten von weiteren Körpern mit verschiedenen Funktionen. Dabei werden diverse Namen verwendet wie Aura, Astralkörper, feinstofflicher Körper oder Energiekörper. Alle Sinne, die wir im physischen Körper besitzen, lassen sich auch auf der feinstofflichen Ebene nutzen. So besteht die Möglichkeit, diese Körper zu ertasten, zu erfühlen oder zu sehen. Die Aura wird meist als farbige Hülle unterschiedlicher Stärke um den menschlichen Körper herum wahrgenommen. Dabei geben die wahrgenommenen Farben Auskunft über den Gemütszustand des Menschen und seine Gedankenwelt. Viele Heiler sind sich darüber einig, dass jedes Organ eine Entsprechung auf der feinstofflichen Ebene besitzt und der Organismus ohne diese energetische Steuerungsebene nicht lebensfähig ist.

Kern aller traditionellen Lehren ist der Glaube, dass es eine universelle Lebensenergie gibt, die alles Lebendige durchzieht und überhaupt erst lebendig macht. Dabei wird diese Lebensenergie zum Beispiel als Prana, Chi, Od, Orgon o.Ä. bezeichnet. Teilweise überlappen sich die Beschreibungen der einzelnen Energieformen, in anderen Bereichen werden ihnen neue Funktionen zugeschrieben. Rupert Sheldrake brachte mit dem Konzept der morphogenetischen Felder eine Komponente ins Spiel, die in der Lage sein könnte, eine Brücke zwischen den klassischen Naturwissenschaften und den Lehren aus alten Handschriften und Überlieferungen zu bauen. Ein immer noch ungelöstes Problem ist die Frage, wie der Körper zu seiner Form kommt oder woher eine Zelle weiß, ob sie eine Leberzelle ist, in der Niere sitzt oder als Muskelzelle im rechten Oberarm. Ein angenommenes morphogenetisches Feld steuert die Form (morphé = Gestalt, Form) oder generiert sie erst.

Die traditionelle Lehre des Yoga berichtet von Leitbahnen innerhalb des Energiekörpersystems, in denen die Lebensenergie fließen kann. Der Hauptkanal, Sushumna Nadi, verläuft senkrecht durch die Mitte des Körpers. Um diesen Hauptkanal herum winden sich zwei weitere Bahnen bzw. »Schlangen«, Ida und Pingala Nadi, die dem Mond und der Sonne zugeordnet werden. Daneben gibt es ein weitreichendes System von bis zu 350.000 Nadis, das den ganzen Körper durchzieht. Entlang der Hauptachse liegen mehrere Energiezentren, die Chakras, die für wichtige Bereiche unseres Wesens zuständig sind. Die Reihe der Chakras beginnt am Beckenboden mit dem Wurzelchakra. Darüber befindet sich das Sexualchakra, das im Bereich der Sexualorgane angesiedelt ist. Je nach Tradition oder Schrift wird das dritte Chakra dem Bauchbereich oder dem Sonnengeflecht zugeordnet. Das vierte Chakra befindet sich im Herzen. In der Kehlkopfgegend liegt das fünfte und im Bereich der Stirn das sechste Chakra, das Dritte Auge. Auf der Spitze des Kopfes liegt das Scheitelzentrum als siebtes Chakra. Auch wenn es in der westlichen Kultur das

Konzept der Chakras nicht gibt, spricht unsere Sprache doch in einigen Redewendungen von den Zentren und ihren Aufgaben. Manche Empfindungen ordnen wir dem Bauch zu: Wir haben ein schlechtes »Bauchgefühl« oder entscheiden »aus dem Bauch heraus«. Fehlt einem Gegenüber die Einsicht, dann hat er ein »Brett vor dem Kopf«. Und wenn das Herzchakra sich öffnet, wird es uns »warm und weit ums Herz«.

4. Die Merkaba

Mit dem Auftauchen des Wissens um die Blume des Lebens durch Drunvalo Melchizedek ergab sich ein neuer Blickwinkel auf viele Überlieferungen, die wieder wie Puzzleteile zu einem größeren Bild zusammengefügt werden konnten. Die Sprache der Heiligen Geometrie bietet dabei ein Hilfsmittel, die verschiedenen Ebenen des Energiekörpers zu verstehen und ein größeres Gesamtbild zu entwickeln.

Die Form der rotierenden Merkaba ist der Grundbauplan der Erschaffung des Universums, der durch das Urbewusstsein am Anfang ausgelegt wurde. Mit Hilfe der selbstähnlichen Geometrie spiegelt sich dieses Muster in unendlicher Vielfalt in alle Maßstabsebenen hinein. Innerhalb dieses Planes ist es dann möglich, sich mit einem Abbild des großen Musters frei zu bewegen, die unterschiedlichen existierenden Welten zu erfahren und Teile der Realität als eigene Welt zu erleben.

Für alle Wesen innerhalb der Schöpfung ist es ein weites Forschungsfeld, diese *eine* Realität und den Aufbau der Merkaba zu verstehen. Alleine in den letzten fünfzig Jahren sind mehrere Lehrer hier auf der Erde aufgetreten, die teilweise sehr unterschiedliche Formen der Merkaba gelehrt haben. Laut Drunvalo Melchizedek gibt es im gesamten Universum 100.200 verschiedene Arten an Merkabas, die Aspekte der *einen* Realität darstellen und erfahrbar machen. Darüber hinaus sind bis zu 500.000 weitere Formen bekannt, die sich aber als nicht praktikabel erwiesen haben. Sie haben in einem Teil der Realität funktioniert, waren aber nicht in der Lage, bewusste Übergänge in andere Dimensionen zu gewährleisten.

Sich mit der Merkaba zu beschäftigen ist ein sehr weites Feld, das mit großer Vorsicht und Verantwortung betreten werden sollte. Jede Veränderung am eigenen Energiesystem kann zu langfristigen Veränderungen führen, deren Folgen nicht immer positiv sind. Deswegen ist es gut, ein Grundlagenverständnis dahingehend zu besitzen, was die Merkaba überhaupt ist. Innerhalb der jüdischen Tradition gab es die Vorschrift, die Merkaba erst zu »studieren«, wenn man älter als vierzig Jahre ist, und auch dann nur nach langer Vorbereitung und intensiver körperlicher und spiritueller Reinigung.

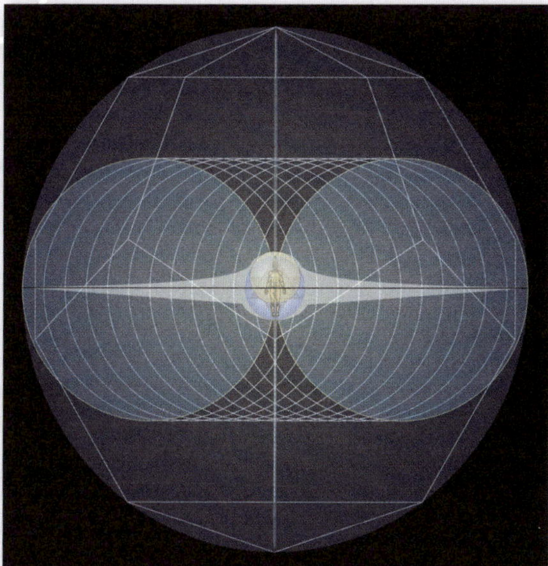

Grundlagen

Das grundlegende Kennzeichen aller Merkabas ist das gegenläufige Rotieren von geometrischen magnetischen und elektrischen Feldern um eine Achse. Das Rotationsverhältnis bestimmt die Realität, in die man sich einklinkt. Die Mittelachse, die Pranaröhre, stellt die Verbindung zwischen Vater Himmel und Mutter Erde dar. In ihr fließt mit der Rotation gleichzeitig von oben und unten Energie gegenläufig ein. Um die Achse herum bildet sich ein großes Torusfeld aus. Der Punkt, an dem sich diese Ströme treffen, ist der Punkt, aus dem heraus die Realität interpretiert wird.

Nehmen wir das Wetter als Beispiel, können wir sagen: Das Wetter stellt die Realität dar, aber je nach Blickwinkel wird sie anders interpretiert. So ist für den einen der Regen ein Segen, für den anderen ein Fluch. Ebenso besteht die Möglichkeit, die Welt, in der wir leben, aus unterschiedlichen Blickwinkeln zu betrachten.

Beim Studium eines Apfels als Abbild des Universums lässt sich erkennen, dass in der Mitte des Torus immer eine geometrische Form zu finden ist. Wenn ein Kind entsteht, läuft es durch verschiedene Phasen: Kugel, Fischblase, Tetraeder und Ei des Lebens, eine Kombination aus acht Kugeln in der Form eines Würfels. Das Ei des Lebens ist die einfachste und fundamentalste von allen Geometrien, die die Basis einer Merkaba bilden können (Abb. S. 49).

Ein Sterntetraeder entsteht. Diese Form wurde um 1500 entdeckt und von Johannes Kepler »Stella Octangula« genannt. In ihrem Umriss ergeben beide Tetraeder einen Würfel. Ihre Kanten sind die Diagonalen der quadratischen Würfelseiten.

Das Sterntetraeder ist der Kern der menschlichen Merkaba in der heutigen Zeit. Er liegt so in der Pranaröhre, dass ein Tetraeder nach oben und einer nach unten zeigt (Abb. S. 50/51). Das nach oben weisende Tetraeder ist das Sonnentetraeder und hat männliche Qualität, das nach unten gerichtete ist das Erdtetraeder und hat weibliche Qualität. Die Größe dieses Körpers ergibt sich individuell aus der Körpergröße des Menschen, die der Länge aller Kanten des Sterntetraeders entspricht. Die obere Spitze liegt etwa eine Handlänge über dem Kopf, die untere Spitze etwa eine Handlänge unter den Füßen. Die Mitte der Achse zwischen oberstem und unterstem Pol entspricht der Mitte des Körpers. Dort ist das Sterntetraeder verbunden mit den ersten acht Zellen, die uns ein

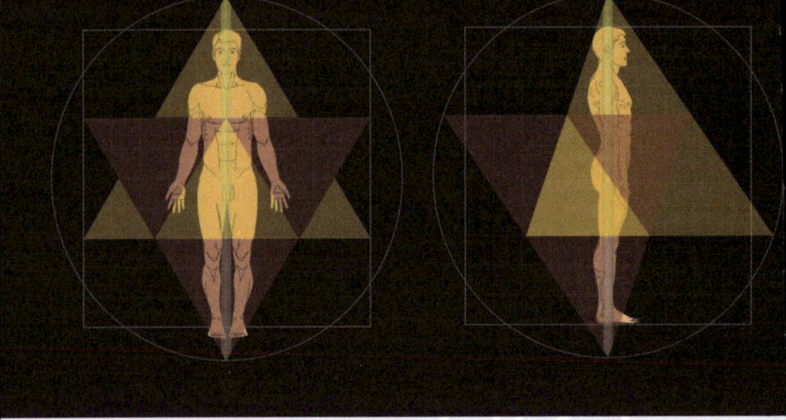

Leben lang begleiten. Sie projizieren das Bild nach außen, in das der physische Körper hineingewachsen ist, und bilden die Pforte für die nächsten Stufen darüber hinaus. Bei allen platonischen Körpern haben die Eckpunkte den gleichen Abstand zur Mitte. Damit passt eine Kugel so um den Menschen herum, dass alle Eckpunkte des Sterntetraeders diese berühren. Für das Sterntetraeder gibt es zwei Ausrichtungen. Üblicherweise zeigt bei den Frauen eine Spitze des Erdtetraeders nach vorn, bei den Männern eine Spitze des Sonnentetraeders.

Meditation

Dieser geometrische Körper selbst ist noch nicht die Merkaba, er ist nur ihr Samen. Um die Merkaba vollständig auszubilden, muss sie aktiviert werden. Dazu lehrte Drunvalo Melchizedek eine sehr kraftvolle Meditation, die nur durch einen Lehrer persönlich weitergegeben werden kann. Die vollständige Meditation dauert 18 Atemzüge mit Abläufen, die auf den ersten Blick sehr kompliziert erscheinen können.

In den ersten sechs Atemzügen geht es darum, das Sterntetraeder zu reinigen; sie stehen nur indirekt mit den Chakras in Verbindung, weswegen es nicht sieben oder acht Atemschritte sind. Jeder der acht Eckpunkte des Sterntetraeders korrespondiert mit einem der acht Chakras im menschlichen Energiesystem. Dabei werden das Scheitelchakra auf dem Kopf und das

Kronenchakra an der oberen Spitze als zwei getrennte Zentren betrachtet. Um alle acht Punkte auszugleichen, reichen sechs Atemzüge. Werden drei Ecken eines Tetraeders gereinigt und ausbalanciert, folgt der vierte Punkt automatisch. Der nächste Schritt ist der wichtigste in dieser Meditation. Die Konzentration erfolgt hier auf die Pranaröhre mit der Aufgabe, den Energiefluss umzustellen. Vom 7. bis 14. Atemzug wird das Prana erst im Bauchraum konzentriert, um es dann anzuheben in das universelle Herzzentrum des Menschen, das mit allem Leben überall verbunden ist. Eine Merkaba kann nur lebendig sein, wenn der eigene Emotionalkörper intakt ist; das heißt, das Herz und die Gefühle müssen beteiligt sein. Erst in den letzten drei Atemzügen erfolgt das eigentliche Aktivieren des Feldes mit einem bestimmten Drehverhältnis.

Das untere gegen das obere Tetraeder drehen zu lassen, beruht auf einem der Hauptmissverständnisse bei der Merkaba. Von den bekannten 100.200 sicheren Merkabaformen des Universums ist diese Form die erste. Sie wird gelegentlich von Schamanen benutzt, um in andere Welten zu reisen. Sie reicht jedoch nicht, um dauerhaft den Übergang in die vierte oder eine höhere Dimension zu erreichen. Die zweite Form ist die von Drunvalo Melchizedek unterrichtete, bei der zwei gleich große Sterntetraeder gegeneinander gedreht werden. Der Grund, warum es so wichtig ist, diesen Weg zu gehen und die übermittelte Form nicht zu ändern, liegt darin, dass die Erde genau das gleiche Feld hat wie wir Menschen. Als wir hierher gekommen sind, um unser Leben zu leben, haben wir uns auf das Feld der Erde eingestimmt, um mit ihr im Einklang zu sein. Kommt es zu einer größeren Umwandlung oder einem Dimensionswechsel, besteht der einzig mögliche Weg darin, im Einklang mit der Erde zu gehen und sich mit ihrem Feld zu verbinden. Dazu ist es notwendig, die gleiche Merkaba zu besitzen (Abb. unten).

Wenn das Feld aktiviert wird, formt sich aus der Mitte der Merkaba in Höhe der ersten acht Zellen eine dünne runde Scheibe mit ca. 18 bis 20 Metern Durchmesser. Diese Scheibe und die dünne Hülle darum, die aussieht wie eine Galaxie oder eine fliegende Untertasse, ist die eigentliche Merkaba (Abb. S. 47). Der Mensch von heute besitzt den Samen, seine Merkaba wieder zu aktivieren. Dazu ist aber der Weg zurück notwendig, der aus dem Kopf ins Herz führt und die persönliche Beteiligung am Luzifer-Experiment auflöst. Mit dem Erreichen des 18. Atemzuges ist man dann in der Lage, diese Dimension mit dem physischen Körper zu verlassen und in eine höhere Seinsdimension aufzusteigen. Bis heute ist dieser Atemzug noch nicht unterrichtet worden, obwohl es in naher Zukunft geschehen könnte.

Himmel und Erde

Der Bereich des universellen Bewusstseins jenseits aller Form lässt sich mit Worten nur begrenzt beschreiben. Die erste Energie oder Hülle, die erschienen ist, als das Bewusstsein in dieses Universum eingetreten ist, ist das Melchizedek-Bewusstsein. Unmittelbar danach, obwohl man in dem Bereich kaum von Zeit oder Entfernungen sprechen kann, folgt das Christusbewusstsein. Das Zusammenspiel aus beiden ergibt die dritte Komponente, die in vielen Religionen als die »ultimative Persönlichkeit« bezeichnet wird. Aus diesen drei Komponenten setzt sich alles zusammen. So ergibt sich ein Grundaufbau, der sich im Großen wie im Kleinen wiederholt.

Alles ist von dieser ersten wahrnehmbaren Energiesphäre umgeben. Beim Menschen sitzt diese am äußersten Rand der Merkabascheibe. Unmittelbar nach der ersten Sphäre, die als äußere Grenze wahrnehmbar ist, folgt eine komplexe geometrische Struktur, das Christusgitternetz. Mit ihm ist das Christusbewusstsein verbunden, das in Liebe durch die gesamte Schöpfung fließt. Das Christusgitternetz besteht aus einer Kombination von Dodekaeder und Ikosaeder (Abb. S. 55).

Beide platonischen Körper haben eine Fünfersymmetrie in sich und sind dual zueinander. Das Dodekaeder besteht aus zwölf Fünfecken, das Ikosaeder aus 20 Dreiecken, von denen sich immer fünf in einer Spitze treffen. Zur Geometrie des Christusgitternetzes gelangt man durch eine dieser zwölf Kappen aus fünf Dreiecken, die auf alle Fünfecke des

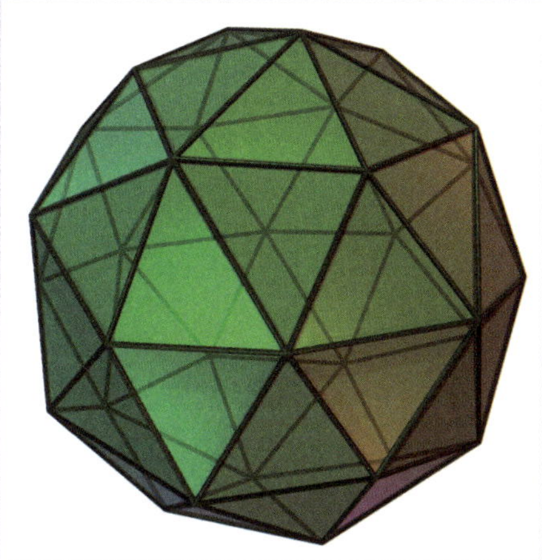

Dodekaeders gesetzt wird. Dieser Körper aus sechzig Dreiecken erzeugt alle weiteren geometrischen Formen in sich. Die Energien der Spitzen fließen nach innen, überkreuzen sich untereinander und ergeben so ein dichtes Netz aus Informationslinien. Der innerste Teil dieses Netzes ist das Sterntetraeder, mit dem die menschliche Merkaba arbeitet. Die Pranaröhre, die von der oberen zur unteren Spitze des Sterntetraeders läuft, geht noch weit darüber hinaus. Je nach Bewusstsein kann sie sich mit unterschiedlichen geometrischen Körpern des Gitternetzes verbinden..

Verbindet sich die Pranaröhre mit dem oberen und unteren Punkt des Sterntetraeders, endet sie mit einer dreieckigen Spitze. Die nächstgrößere Struktur über dem Sterntetraeder ist das Oktaeder. Stimmt man seine Pranaröhre auf diese Energie ab und verlängert sie bis dahin, endet sie in einer vierseitigen Pyramide. Es besteht auch die Möglichkeit, die Pranaröhre zu verlängern bis zum Christusgitternetz am oberen und unteren Pol der großen Kugel. Dort endet die Pranaröhre in einer fünfeckigen Spitze.

In der waagerechten Ebene zur Zentralachse bilden sich wie beim Apfel immer symmetrische Figuren und Muster aus, die ein Abbild der höheren Geometrie des Gesamtmusters sind. Beim Menschen ist es die Scheibe der aktivierten Merkaba.

Wer mehr über diese Geometrie erfahren möchte, findet ein weites Forschungsfeld in der Astronomie. Alle Himmelskörper, die meist eine runde Form besitzen, haben in ihrem Inneren Merkmale höherer geometrischer Körper. Die Geometrie der Erde entspricht einem Tetraeder und einem Oktaeder, weswegen es unbedingt erforderlich ist, mit der Sterntetraeder-Merkaba zu arbeiten. Beobachtet man das Zirkulationsmuster der Atmosphäre, ist am Äquator sehr deutlich eine Grenzschicht zu sehen, die ein Abbild der höheren Energiestrukturen ist. Bei der Bildung eines Planetensystems kommt es gemäß der momentanen Lehrmeinung zur Bildung einer protoplanetaren Scheibe, einer Ansammlung von Materie in der Ebene des jeweiligen Sternes. Diese Materie verdichtet sich dann zu den entsprechenden Planeten und Himmelskörpern. Bei unserer Sonne entspricht diese Ebene dem Bereich, in dem sich die Planeten aufhalten. Die äußere Grenze der Sonne liegt beim 100- bis 100.000-Fachen des Abstandes zwischen Erde und Sonne.

In noch größerem Maßstab können wir das gleiche Phänomen bei den Galaxien beobachten, die um eine Zentralachse rotieren und in der Äquatorebene unzählige Sterne und Planeten besitzen.

5. Die Luzifer-Rebellion

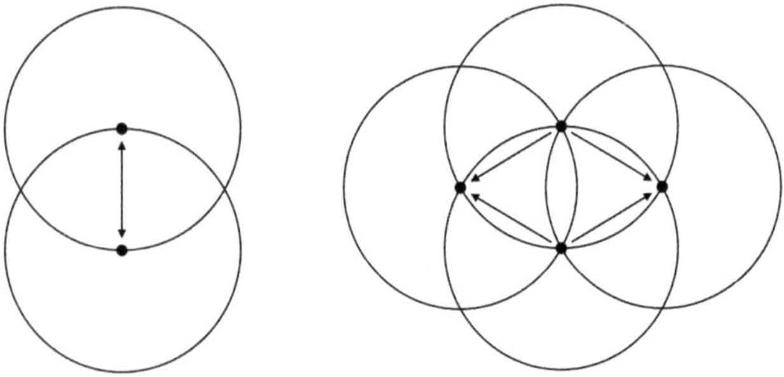

Für eine lebendige Merkaba muss das Herz geöffnet sein und eine Liebesverbindung mit der gesamten Schöpfung bestehen. Als das Universum geschaffen wurde, stellte sich das Leben die Aufgabe, alle Wege, die möglich sind, zu erfahren. Im Urbauplan des Universums ist auch die Möglichkeit vorgesehen, eine eigene parallele Schöpfung aufzubauen, was im Laufe von Milliarden Jahren schon mehrmals geschehen ist. Alle Versuche endeten immer in einem großen Desaster für das gesamte Universum.

In den Hierarchien der Engel gibt es einen, der der höchste und schönste von allen ist: Luzifer, der Lichtbringer. Während alle Wesen im Universum einem Vorbild nacheifern und ihm entgegenstreben, hat er nur noch ein Vorbild: Gott selbst. In der Geometrie gibt es ein spezielles Maß, das nicht über den Weg der Blume des Lebens erfahren werden kann. Mit dem Argument, es gäbe eine Möglichkeit für das Leben, dieses spezielle Maß zu erleben, startete Luzifer vor ca. 200.000 Jah-

ren den letzten Versuch, eine Parallelschöpfung aufzubauen. Er brachte ein Drittel der Engel und anderen Wesen auf seine Seite, die ihre innere Verbindung zu Gott lösen mussten, um einen eigenen Weg zu gehen. Es wurde eine Geometrie geschaffen, die ebenfalls mit einem Kreis begann. Während sich in der Urschöpfung das Bewusstsein an die Oberfläche bewegt, teilte es sich in der Parallelschöpfung in zwei Teile, bei dem ein Teil in der Mitte des unteren Kreises bleibt, während der andere Teil an die Oberfläche wandert (Abb. S. 60 links).

Oberflächlich ähnelt dieses Bild noch dem ersten Tag der Schöpfung. Im nächsten Schritt zeigt sich jedoch, wie anders dieser Weg ist. Je ein Teil der zwei Bewusstseinszentren wandert zu beiden Schnittpunkten links und rechts an den Spitzen der Fischblase des ersten Tages (Abb. S. 60 rechts).

Mit diesem Schritt entstehen zwei Kreise auf einmal und formen ein Bild, das ähnlich aussieht wie der dritte Tag der

Schöpfung. Jeder weitere Schritt ist ein Auseinandergehen und Zusammentreffen von Teilen des Bewusstseins. Auch dieser Weg führt zu einer Blume des Lebens, die jedoch zwei Zentren anstelle von einem hat (Abb. S. 61).

Menschwerdung

Relativ kurz nach Beginn der Luzifer-Rebellion trafen zwei Völker des Universums zusammen, um auf der Erde den Menschen zu schaffen: die Nephilim und die Sirianer. Ähnlich wie in einer Familie übernahm ein Volk den Vateraspekt und eines die Mutterrolle. Bei der Erschaffung des Menschen traten die Sirianer in der Rolle des Vaters auf. Manche Quellen übersetzen den Namen Nephilim mit den »Gefallenen«, da das Wort »nephil« im Hebräischen für »fallen« steht. Die genaue Herkunft der Nephilim ist bis heute nicht endgültig geklärt. Im Falle der Sirianer geht man davon aus, dass sie vom Doppelsternsystem Sirius A und B kommen.

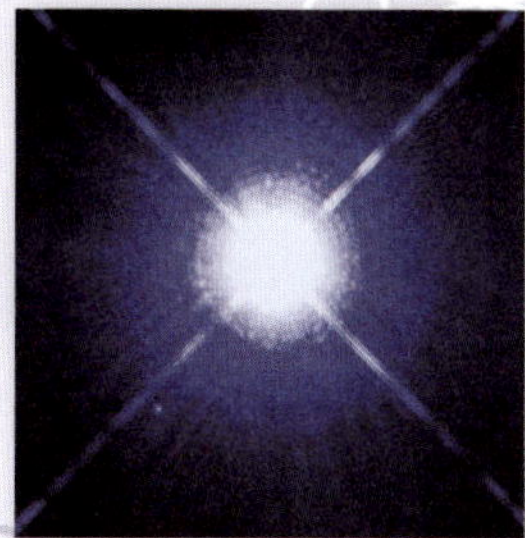

Die Lebewesen vom Sirius sind bei uns als Delfine bekannt. Es gibt viele Überlieferungen, in denen eine Gattung von außerhalb auf der Erde landet und die Menschen unterrichtet. Oft kommen sie in unbekannten Flugkörpern, landen in Seen und steigen als Mischwesen – halb Mensch, halb Fisch – aus.

Beispiele dafür sind das babylonische Mischwesen Oannes (Abb. S. 64) oder Matsya (Abb. S. 65), die erste Inkarnation Vishnus im Hinduismus.

Der Mensch ist schon in seiner Abstammung eingebunden in ein größeres kosmisches Geschehen. Es gibt Völker, die im Rahmen des Luzifer-Experiments ihre Verbindung zu Gott vollständig verloren haben. Und es gibt Wesen, denen diese Verbindung nur teilweise verloren ging.

Es ist kennzeichnend für ein Wesen, das sich von der Urschöpferkraft getrennt hat, dass es auf die Hilfe externer Technologie angewiesen ist. So sind die Sirianer, die mit Raumschiffen hier landeten, Teil der Völker, die sich dem technologischen Weg verschrieben hatten. Gleichzeitig legten sie jedoch in uns den Samen an, den Weg zurück zu finden.

Unsere Gesellschaft ist einerseits gefangen in den Mechanismen von Technologie, Kontrolle und Polarität, andererseits gibt es in uns das Gefühl der Liebe untereinander, der Verbindung mit der Natur und der Sehnsucht nach einer Heimat voller Frieden und des Einsseins mit allem. Vor dem Eintritt in höhere Dimensionen des Bewusstseins stehen jedoch Wächter, die prüfen, ob wir den Weg zurück in die Einheit gefunden haben. Es scheint, als sei mit dem ursprünglichen Bauplan und der darin liegenden Frage, die zur Luzifer-Rebellion führte, im Menschen der Samen gelegt worden: Damit kann er jetzt den Durchbruch zu einem höheren Bewusstsein schaffen, der gleichzeitig einen Schlussstrich unter das Experiment zieht.

Atlantis

Es gibt ein historisches Ereignis, das bis in unsere Zeit hinein wirkt: der Untergang von Atlantis. Die Ereignisse, die zum Untergang des Kontinents führten, bieten ein komplexes Schauspiel. Dabei wurde die Menschheit von Lebewesen des Planeten Mars durchsetzt: Sie flohen von ihrem Planeten, den sie durch äußere Technologie bereits zerstört hatten. Die menschliche Zivilisation stand damals noch am Anfang ihrer Entwicklung und war eher intuitiv und weiblich orientiert. Die Marsianer dagegen waren auf die männliche Polarität ausgerichtet und verfügten über mehr Erfahrung und viel technisches Wissen. Es entwickelte sich ein Kampf um die Vorherrschaft des Bewusstseins auf der Erde. Als ein Komet die Erde ansteuerte und der intuitive Teil sich mit der Meinung durchsetzte, dies sei der Lauf der Welt und Teil des göttlichen Planes, wurden beim Einschlag viele Marsianer verletzt oder getötet. Sie kündigten die Zusammenarbeit mit der Menschheit auf, um nur noch ihren technischen Weg zu gehen. Dabei versuchten sie, eine externe Merkaba zu nutzen, um ein Feld zu erzeugen, mit dem es möglich war, das Bewusstsein auf der Erde auf ihre Art zu steuern. Sie errichteten ein Feld und begannen es in Betrieb zu nehmen. Während des Anfahrens der Merkaba gibt es eine Phase, in der das Feld instabil werden kann. In dieser Phase geriet das künstliche Feld außer Kontrolle und zerstörte die Trennebenen zwischen den einzelnen Dimensionen. Wesen, deren Platz eigentlich auf anderen Ebenen gewesen wäre, bevölkerten plötzlich unsere Welt, mit der sie nicht klarkamen. Von Angst getrieben, besetzten sie fast alle Körper der Menschen, die auf der Erde lebten. Zur Zeit des Untergangs hatte beinahe jeder Mensch mehrere Dutzend Wesen in sich. Die künstliche Merkaba, die diese Katastrophe auslöste, blieb in einem halbaktivierten Zustand stehen und vagabundiert noch heute zwischen den Dimensionen hin und her. Ihre Basis liegt in der Nähe des Bermudadreiecks, das ein Rest dieses Feldes ist.

Der Untergang von Atlantis geschah zu einem Zeitpunkt im Umlauf der Erde um die Sonne, der mit dem Platonischen Jahr zusammenhängt. Die Erde taumelt mit ihrer Achse um den Punkt, der senkrecht über der Ebene des Sonnensystems steht. Ein Umlauf dieser Taumelbewegung, die manchmal auch Weltenjahr genannt wird, dauert ca. 26.000 Jahre. Dabei erfolgt ein langsamer Wandel des Einflusses der kosmischen Energien, der hilft, das erdgebundene menschliche Bewusstsein schrittweise zu entwickeln. Jedes halbe Weltenjahr bzw. alle 13.000 Jahre kommt es zu größeren Veränderungen auf unserem Planeten. Dabei bricht das Magnetfeld zusammen, richtet sich neu aus, und die physische Achse des Planeten kippt in eine neue Position. An das Magnetfeld der Erde ist das Bewusstsein der Menschen und ihr Erinnerungsvermögen gekoppelt. An dem Wendepunkt vor ca. 13.000 Jahren fand der Untergang von Atlantis statt, der in unserem Unterbewusstsein weiterlebt. Der beste Weg, das eigene Bewusstsein in einem solchen Umbruch aufrechtzuerhalten, besteht darin, eine aktive Merkaba zu besitzen und das Feld entsprechend zu nutzen, um sanft durch diesen Übergang zu gehen. Durch die Störungen im Vorfeld des Untergangs von Atlantis war ein

Großteil der Bewohner nicht mehr in der Lage, dieses Feld zu aktivieren und zu nutzen. Ein Teil der Menschheit lebte zwar weiter, besaß aber keine Erinnerung mehr an bereits erlernte Kulturtechniken wie den Gebrauch von Feuer oder Werkzeugen. Ein anderer Teil der Menschheit war bereits mit dem Aktivieren der Merkaba vertraut und betrachtete die weitere Entwicklung aus einer höheren Dimension heraus.

Aufgestiegene Meister

Nach dem Wiederauftauchen des Magnetfeldes und der Erde in einer neuen Lage existierten die Menschen weiter, hatten aber keine Erinnerung mehr an den früher erreichten Zustand. Neben dem halben Weltjahr gibt es wichtige Energiepunkte bei einem Viertel-Weltjahr, also ca. alle 6.500 Jahre. Erst nachdem das erste Viertel-Weltjahr verstrichen war, konnten die Aufgestiegenen Meister wieder beginnen, die Menschheit zu unterrichten und erneut in das Wissen einzuweihen, das sie ursprünglich besaß. Darin liegt die Lösung für das Rätsel, warum die ersten Hochkulturen beinahe aus dem Nichts entstanden sind. Fast alle Hochkulturen wurden von Wesen initialisiert, die viel weiter reichende Fähigkeiten hatten als wir. Eines dieser Wesen war der ägyptische Gott Thoth, der unter anderem die Schrift zu den Menschen brachte und die Wissenschaft begründete.

Normalerweise ist das Energiefeld des Menschen ausreichend, um Zugriff auf alle Wissensebenen des Universums zu haben. In dem Zustand, in dem sich die Menschheit nach dem Fall von Atlantis befand, war sie aber gar nicht mehr in der Lage, Wissen überhaupt länger zu speichern. Die Schrift war ein Hilfsmittel, das nicht für ewig gedacht war. Sie führt zu dem Problem der Schriftgläubigkeit und hat den Makel, linear zu sein und das Wissen extern zu speichern. Die normale Art, Wissen und Informationen auszutauschen würde darin bestehen, ein dreidimensionales Bild aus dem Dritten Auge zu projizieren: Ein Gegenüber würde das Bild als reale Szene empfangen, in die er einsteigen und die er fühlen und empfinden kann, sodass er weiß, worum es gerade geht.

Mit Hilfe der linearen, eindimensionalen Schrift muss ein Autor es schaffen, ein Bild zu vermitteln, das kompatibel mit der menschlichen Wahrnehmung ist. In einem guten Roman gelingt dies, wenn der Leser das Gefühl hat, die Handlung wie in einem Film mitzuerleben. Dagegen sind wissenschaftliche Texte in ihrem Bemühen, sachlich und exakt zu sein, oft so trocken, dass es kaum möglich ist, sich am Ende des Satzes an dessen Anfang zu erinnern. Mit Hilfe der Schrift war es der Menschheit möglich, wenigstens einen Teil des Wissens zu bewahren, auch wenn die Gesamtkraft nicht ausreichte, das Bewusstseinsniveau einer Hochkultur zu halten, und die Menschen wieder auf ein niedrigeres Niveau absanken. Nach dem Zerfall einer Hochkultur tauchten die Lehrer der Menschheit wieder auf, um den nächsten Anlauf zu starten. Schrittweise wurde ein neuer Wissenskanon für die Menschheit aufgebaut, der wie bei einer Exponentialfunktion immer schneller anwächst. Wir stehen heute an einem Punkt, wo wir beginnen, mit Hilfe der Technologie alles alte Wissen zu einem großen Werk zusammenzufassen, um dann einen Schritt hin zur nächsten Evolutionsstufe zu machen. Ist das Bewusstsein der Menschen wieder hoch genug und der Energiekörper gereinigt und sauber, ist er in der Lage, wieder direkt auf die Informationsfelder des Universums zuzugreifen und Schrift, Sprache und Technologie hinter sich zu lassen. Drunvalo geht davon aus, dass die Kinder der heutigen Zeit alle Voraussetzungen haben, den nächsten Schritt allein zu gehen.

Freie Energie

Zu den verschiedenen Versuchen, die Merkaba zu verstehen, gehört auch die Konstruktion der Merkaba mit technischen Hilfsmitteln. Mit der Entdeckung der Elektrizität und des Magnetismus hat die Menschheit die Tür zu den subtileren Ebenen des Universums wieder aufgestoßen. Dabei gibt es einerseits die offizielle Geschichtsschreibung der Wissenschaft, andererseits aber auch Hinweise darauf, dass Forscher immer wieder über die tieferen Kräfte und Prinzipien des Universums gestolpert sind, sei es durch Zufall oder durch alte Quellen. Die Geometrie des Luzifer-Experiments, die sich aus der zweiäugigen Blume des Lebens ergibt, ist der Geometrie der Einheit sehr ähnlich. Alle Errungenschaften, die mit einem reinen Bewusstsein möglich sind, lassen sich auch technisch nachbilden. So gibt es sehr viele Versuche – besonders im Bereich der freien Energie und der Elektrogravitationsforschung –, mit gegenläufig rotierenden Feldern zu arbeiten. Nicht umsonst ähneln UFOs der Form von Galaxien, da auch sie Maschinen sind, um Raum und Zeit zu durchwandern. Sie müssen sich dabei an die gleichen Gesetze halten – mit dem Unterschied, dass UFOs ohne Liebe funktionieren.

Der Teufel ist kalt, selbst als Liebhaber.
Aber hässlich ist er nicht.

Heinrich Heine, Elementargeister (1837)

Von Philadelphia nach Montauk

Ein besonderes Beispiel des Wissenschaftsuntergrundes ist das Philadelphia-Experiment. Dabei versuchte die US-Navy 1943, ein Schiff mit Hilfe rotierender elektromagnetischer Felder gegen Radar unsichtbar zu machen. Woher die Quellen dieses Forschungsansatzes kommen, ist noch unklar. Eine Theorie besagt, dass die Versuche von Nikola Tesla geleitet wurden, der die Daten von Wesen erhielt, zu denen er durch seine Radioversuche Kontakt erhalten hatte. Nach Augenzeugenberichten fing das Schiff bei Versuchen auf dem offenen Meer an, in einem grünlichen Nebel gänzlich aus der sichtbaren Welt zu verschwinden und durch Raum und Zeit zu vagabundieren. Unter anderem wurde es im Hafen von Philadelphia gesichtet, was dem Experiment seinen Namen gab. Technisch wurde das Feld langsam beschleunigt, von Wissenschaftlern, die keine Ahnung hatten, womit sie eigentlich spielten. Zum einen wussten sie nicht, dass das Experiment die Schranken von Raum und Zeit durchschreiten könnte; zum anderen waren sie sich nicht der instabilen Zwischenphase bewusst, die auftritt, wenn die Felder beschleunigt werden.

Das Experiment misslang mit katastrophalen Konsequenzen für Schiff und Maschine. Eine Folge war, dass es eine wurmlochartige Raum-Zeit-Verbindung zu dem späteren geheimen Montauk-Experiment aufnahm. Das Montauk-Experiment wurde von einer Insel nahe New York aus gesteuert. Es stand unter der Leitung okkulter Verbindungen und des

Militärs, ebenfalls mit dem Ziel, das menschliche Bewusstsein zu kontrollieren.

Beim Blick auf die Menschheitsgeschichte entsteht nicht der Eindruck einer wissenschaftlich aufgeklärten Zivilisation, sondern eher der eines Volkes, das von okkulten Strömungen und niederen Impulsen getrieben wird, anstatt nach Höherem zu streben. Viele Forscher scheinen Zugang zu altem Geheimwissen zu haben und sich dort ihre Inspiration zu holen. Mehrere Weltraummissionen der heutigen Zeit laufen unter den Namen alter Götter und knüpfen so an die Mythen der Vergangenheit an.

Manche Forschungsrichtungen vermitteln den Eindruck, als ginge es darum, Weltraumwaffen zu entwickeln, um wieder in die Kriege im Götterhimmel eingreifen zu können, von denen in den alten Schriften erzählt wird.

Die Mythen der Vergangenheit des heiligen Gefährts müssen die Entwickler einer Armee unserer Zeit besonders falsch verstanden haben, als sie einen Kampfpanzer schufen, den sie »Merkabah« nannten.

6. Der Weg nach Hause

Die Legenden sind voll von Berichten über Besucher und Erscheinungen, die Mystikern und Suchern Anweisungen gegeben haben, wie das Leben besser oder spiritueller gestaltet werden sollte. Eine der in unserem Kulturraum überlieferten Visionen ist die Vision von Hesekiel. Im Buch Hesekiel des Alten Testaments ist beschrieben, wie sich ihm der Himmel auftut und er eine kosmische Vision erlebt, die ihn zum Propheten macht. In dieser Vision erscheint eine feurige Wolke, in deren Mitte es taghell ist. Darin befinden sich vier Wesen, die mit vier verschiedenen Gesichtern in die vier Himmelsrichtungen blicken. Das Gesicht nach vorn ist das Antlitz eines Menschen, nach rechts schaut ein Löwe, nach links ein Ochse und nach hinten ein Adler. Hesekiel sieht, wie ein Rad dieses Gefährtes auf der Erde steht und dabei vier Räder besitzt für die vier Gesichter. In diesem Zusammenhang spricht er auch von Rädern in Rädern, die erscheinen und sich, ohne gelenkt zu werden, von einer Richtung in die andere bewegen können. In der Überlieferung wird dieses Gefährt als die Merkaba, der Thron oder Thronwagen Gottes, beschrieben.

Die Räder in den Rädern ähneln der ägyptischen Auffassung von der Merkaba als gegenläufig rotierendes Feld, das Körper und Geist umfasst. Laut Drunvalo Melchizedek besteht die von Hesekiel erlebte Version aus mehreren ineinander geschachtelten Merkabafeldern, die auf unterschiedlichen Geometrien beruhen und als Räder in Rädern erscheinen. Eine Stimme beginnt mit Hesekiel zu reden und übermittelt ihm Unterweisungen und Prophezeiungen. Später wird er mit Hilfe des Gefährtes emporgehoben und durch sieben göttliche Dimensionen geführt. Diese Schilderungen waren Kern verschiedener, meist geheimer Schriften, die erst allmählich wieder an die Öffentlichkeit gelangt sind. In den meisten Überlieferungen ging es darum, die Erfahrungen Hesekiels zu erforschen und nachzuvollziehen. Innerhalb der jüdischen Mystik bestand allerdings ein Verbot, die Merkaba zu studieren, wenn man jünger als 40 Jahre war. Jüdische Rabbis diskutierten darüber, ob die dargestellte Vision eine Abbildung des göttlichen Bauplanes war oder nur eine Analogie für verschiedene Wege zu Gott. Teile der Vision sind in anderen Kulturen überliefert und hinterließen dort ihre Spuren. Die vier Gesichter der Vision Hesekiels finden sich wieder in den Symbolen der vier Evangelisten. Der göttliche Thronwagen mit jenen vier Gestalten hat seinen Niederschlag im Symbol der Quadriga gefunden, eines römischen Triumphwagens, der von vier Pferden gezogen wird. Das wohl bekannteste Bild der Quadriga ist auf dem Brandenburger Tor in Berlin zu finden.

Mythen und Geschichte

Neben der ägyptischen Tradition und den jüdischen Überlieferungen ist das Wort »Merkaba« auch bei den Zulus in Südafrika bekannt. Deren Führer Credo Muttwa erklärte Drunvalo Melchizedek gegenüber, dass sie das gleiche Gefährt ebenfalls unter dem Namen »Merkaba« kennen. Bei den Zulus bedeutet es »Raum/Zeit« und »Dimensionsfahrzeug«. Nach Credo Muttwa ist der ganze Stamm der Zulu den alten Legenden zufolge mit Hilfe der Merkaba aus einer anderen Dimension gekommen.

Im indischen Raum gibt es viele Geschichten über kosmische Fahrzeuge, sogenannte Vimanas, mit denen höhere Meister hier auf der Erde gelandet sind. Das Wort »Vimana« hat je nach Zusammenhang unterschiedliche Bedeutungen: ein sich selbst bewegendes Fahrzeug der Götter, ein Luftwagen oder ein südindischer Tempel mit einem geschichteten Turm. Das Vimana kann auch für einen Thron oder Palast der Götter stehen. Eine weitere mögliche Bedeutung des Wortes ist »das Maß« oder »die Proportion« als Hinweis auf die Heilige Geometrie. Vimana ist auch das Fahrzeug, mit dem eine gereinigte und geläuterte Person in den Himmel aufsteigen kann.

Es ist nicht nur der östliche Bereich, der solche Gefährte oder Berichte kennt. Auch in unserem Kulturraum gibt es genug Zeugnisse, die auf ein umfangreiches Wissen über das Universum, seinen Aufbau und den Menschen darin hindeuten.

Eine interessante Analogie zur Merkaba findet sich im nordischen Götterhimmel. Das Sterntetraeder als Kern der Merkaba entspricht in seiner Außenform einem Würfel mit acht Ecken. Der oberste nordische Gott Odin reitet auf einem Pferd namens Sleipnir. Das Besondere an diesem Pferd sind seine acht Beine. Nach den Forschungen des rumänischen Religionswissenschaftlers Mircea Eliade ist das Pferd gleichbedeutend mit vielen anderen mythischen Wesen, die den Schamanen helfen, durch verschiedene Ebenen der Ober- und Unterwelt auf Reisen zu gehen, um ihre jeweilige Aufgabe zu erledigen. So scheinen die acht Beine ein Hinweis auf das Gefährt zu sein, mit dem Odin durch die Dimensionen reist.

Der amerikanische Religionswissenschaftler James Hurtak erlebte nach eigenen Angaben eine ähnliche Vision wie der biblische Hesekiel. 1973 veröffentlichte er ein Buch und offenbarte darin ein komplexes System von 64 Schlüsseln, das er in einer Vision erhalten hatte. Teil seiner Vision war die Merkaba; ihr ist in seinem Buch ein eigenes Kapitel gewidmet. Hurtak gründete die Akademie der Wissenschaft der Zukunft, um sein umfangreiches Wissen über die tieferen Zusammenhänge der Welt zu vermitteln.

Die Blaue Schule

Eine der Quellen, die eng mit der Merkaba verknüpft ist, ist die Blaue Schule. Die Blaue Schule setzt auf der Ebene der Bilder der eigenen Seele an. Nach Catherine Shainberg geht die Schule zurück auf Jakob Ben Sheset aus Gerona und Isaak den Blinden aus Spanien, zwei berühmte Kabbalisten, auf die die ersten Texte der Kabbala zurückzuführen sind.

Dabei sind sie wohl nur Vertreter eines viel längeren Stromes, der hier erstmals an die Oberfläche tritt. Drunvalo Melchizedek beschreibt die Schule als mindestens 6.000 Jahre alt und damit als eine der ältesten existierenden Mysterienschulen der Menschheit. Sie hat als erste Schule über die Merkaba geschrieben und versucht, sie wieder zu aktivieren. Da das Wissen um die Merkaba mit dem Untergang von Atlantis weitgehend verloren gegangen ist, war auch nicht mehr viel bekannt von den Hürden auf dem Weg zu ihrem Erreichen. Mit den ersten Versuchen, dieses Feld wieder zu aktivieren, traten Schwierigkeiten auf, da die ersten Meditierenden nicht auf die Erfahrung höherer Dimensionen und Welten vorbereitet waren. Die Männer des Stammes, die mit dieser Arbeit begannen, bekamen sehr große emotionale Probleme, die einige von ihnen das Leben kosteten. Um diesen Hindernissen zu begegnen, machten sich die Frauen auf den Weg, um eine Lösung zu suchen. Dabei lernten sie, dass es in der menschlichen Seele einen unabhängigen Beobachter gibt, der unverletzlich ist und jenseits jeder Bewertung steht. Aus Sicht der Blauen Schule ist alles, was auf uns zukommt, erst einmal ein Bild. Äußere Erlebnisse, Träume oder ein Erleben anderer Dimensionen haben dabei den gleichen Wert. Krankheiten, Emotionen oder sonstige Traumata treten nur auf, wenn die inneren und die äußeren Bilder in Konflikt miteinander stehen. Mit Hilfe der Bildersprache ist es nun möglich, auf die innere Bilderwelt zuzugreifen und mit der Seele direkt zu kommunizieren. Dieser Weg erwies sich als so wirkungsvoll, dass er von Generation zu Generation weitergegeben wurde. Die letzte große Vertreterin der Blauen Schule war Colette

Aboulker-Muscat, die in Jerusalem lebte. Mit ihrer Erfahrung und Einsicht half sie sehr vielen Menschen auf der ganzen Welt, den ersten Schritt nach innen zu gehen und auf einer tieferen Seelenebene Heilung geschehen zu lassen. Colette hinterließ mehrere Schüler, die ihre Arbeit fortführen und in die moderne Welt tragen. Die bekanntesten unter ihnen sind Gerald Epstein, Catherine Shainberg und Claudette Melchizedek, die Frau von Drunvalo Melchizedek.

7. Realität und Illusion

Wie entsteht die Wirklichkeit? Und wie wirklich ist sie überhaupt? Das Spektrum der Erfahrungen, die Menschen mit dieser Frage machen, reicht vom Materialismus jener, die darauf beharren, es gebe nichts als die physisch messbare Realität, bis hin zur Ansicht, die Welt sei nur eine Illusion. Noch vor rund hundert Jahren nahmen die Physiker an, alles was es zu entdecken gab, sei nun bekannt. Diese Grenze wurde mit der Entwicklung der Quantentheorie durchbrochen, die besagt, dass Materie sowohl ein Teilchen als auch eine Welle sein kann. Über den Weg der Mathematik wurde so für den Verstand eine Perspektive eröffnet, die unsere Sichtweise auf die Materie von Grund auf verändern sollte. Aus der Theorie wurde mit den ersten Experimenten Praxis, als es erstmals gelang, nachzuweisen, dass ein Elektron sich wirklich wie eine Welle verhalten kann. Aufgrund dieser Beobachtung musste das Konzept der Materie komplett neu durchdacht werden.

Der Beobachter beeinflusst immer das Experiment. Alle bisherigen Versuche waren von der unbewussten Annahme der Physiker ausgegangen, es müsse unteilbare Teilchen geben. Und genau das haben die Physiker gemessen. Erst als die Datenbasis groß genug war, offenbarte sich, dass die Natur noch größere Überraschungen bereithält. Heute hat man sich langsam daran gewöhnt, dass die Materie nicht aus festen Teilchen besteht, sondern sich auch so verhält, als wäre sie nur eine Wellenform. Mittlerweile besteht die Möglichkeit, ganze Moleküle als Wellenpaket zu teleportieren. Annahmen moderner Forscher zufolge ist sogar die menschliche DNS lediglich eine Welle, die durch gezielte Steuerung verändert werden kann.

Wellen und Hologramme

Das Atom als Teilchen, das einen bestimmten Radius und eine Grenze besitzt, stellt sich immer mehr als eine Illusion heraus, die auf einer stehenden Welle beruht. Das Prinzip der stehenden Welle ist aus der Physik bekannt. Sie entsteht durch eine Welle, die bei Reflexion zurückgeworfen wird und sich selbst begegnet. Die Überlagerung der hin- und der zurücklaufenden Welle formt das Bild einer Schwingung, die sich wie bei einem Springseil nicht mehr fortbewegt. Die Vorstellung einer sehr schnell schwingenden stehenden Welle kann durch ihre Form den Eindruck eines festen Körpers vermitteln.

Bei einem Hologramm wird anders als bei der Fotografie das Überlagerungsmuster von zwei Lichtwellen gespeichert. Dadurch entsteht bei der Betrachtung eines Hologramms der Eindruck einer dreidimensionalen Abbildung, die sich sogar in bestimmten Grenzen drehen lässt, um das Objekt aus anderen Winkeln anzuschauen. Wird das Hologramm geteilt, ergibt sich eine kleinere Ausgabe des Ursprungshologramms, allerdings ist ein Teil der Information verloren gegangen. Das Bild, das wir auf dem Hologramm sehen, entsteht jedoch erst in uns. Es ist nicht wirklich vorhanden, sondern nur ein Muster sich überlagernder Lichtwellen.

Dunkelheit, Biocomputer und innerer Bildschirm

Von allen Einweihungen ist die kraftvollste Einweihung der Rückzug in völlige Dunkelheit. Begleitet von einer strengen Vorbereitung und Diät begibt sich der Einzuweihende in einen Raum wie in der Großen Pyramide, in den kein Licht von außen dringt. Er widmet sich der Meditation oder der einfachen Beobachtung dessen, was geschieht.

Mit dem Rückzug von der sichtbaren Welt entfällt ein Großteil der Mechanismen, über die wir uns und unsere Welt definieren. Wir werden auf uns selbst zurückgeworfen. Die abgeschalteten Sinne öffnen die Kanäle nach innen, die sonst ständig von äußeren Eindrücken und unwichtigen Beschäftigungen gedeckelt werden. Nach einiger Zeit in der Dunkelheit beginnen vor dem Auge Bilder und Visionen aufzutauchen, die scheinbar real sind, dreidimensional und sehr lebendig. Ohne die Einnahme von Drogen fängt unser Gehirn an, Bilder von Welten zu produzieren, die nur aus uns selbst heraus erschaffen werden.

Aus Russland und China kommen Berichte über den sogenannten inneren Bildschirm, den Kinder und trainierte Erwachsene in ihre normale Wahrnehmung einblenden, um beliebige Informationen aus dem gesamten Universum abzurufen. In der bekanntesten Schule von Vladimir Bronnikov geht man davon aus, dass der Mensch das Potenzial besitzt, Zugang zu allen Informationsebenen des Universums zu erhalten. Schon aus der Hirnforschung ist bekannt, dass unser Gehirn in jedem Moment mit sehr vielen Informationen aus unserer Umwelt versorgt wird, aber nur einen Bruchteil davon bewusst wahrnimmt. Das Bronnikov-System spricht vom menschlichen Biocomputer, der mit dem Bildschirm angesprochen wird und nur funktionieren kann, wenn genug Lebensenergie zur Verfügung steht. Die meisten Menschen laufen sozusagen im Notfallmodus, bei dem sie nur fünf bis zehn Prozent ihrer vollen Kraft zur Verfügung haben. Sie kämpfen hauptsächlich ums Überleben. Nur in Momenten höchster Gefahr, im Vorfeld von Unfällen und Bedrohungen, schaltet sich der Biocomputer ein und zeigt eine klare innere Vision von einer Gefahr, die hinter der nächsten Ecke lauert. Danach verschwindet der Bildschirm wieder.

Um den Biocomputer geregelt und ohne Raubbau am eigenen Energiehaushalt betreiben zu können, muss das Energieniveau auf 40 bis 60 Prozent gesteigert werden. Wie bei der Geschichte der Schrift scheint es, als ob unsere momentane Art, die Welt zu sehen, nur ein sehr einfacher Weg der Wahrnehmung und Kommunikation ist, der sich noch viel weiter entwickeln lässt. In der Dunkeltherapie tritt das Phänomen auf, dass im Sehfeld nach einer Weile Lichter auftauchen, die objektiv nicht vorhanden sind. Später wird die Form des Raumes und der Wesen darin sichtbar, ohne dass das Gehirn physisches Licht zur Verfügung hätte. Die Realität, die wir in unserem Kopf sehen, ist eine konstruierte Wirklichkeit, die vom Gehirn aus den erhaltenen Informationen erschaffen wird. Ein Teil des Trainings bei Bronnikov besteht darin, das

Gehirn zu schulen, Informationen über die Außenwelt, die über die Augen nach innen gelangen, und solche, die es über die umgebenden Energiefelder erhält, als gleichwertig zu behandeln. Nach einer Zeit des Trainings ist das Gehirn in der Lage, auch mit abgedunkelten Augen zu sehen. Mit entsprechendem Training wird die Fläche des Bildschirms vergrößert bis hin zu einer kompletten Kugel, die den Schüler umgibt.

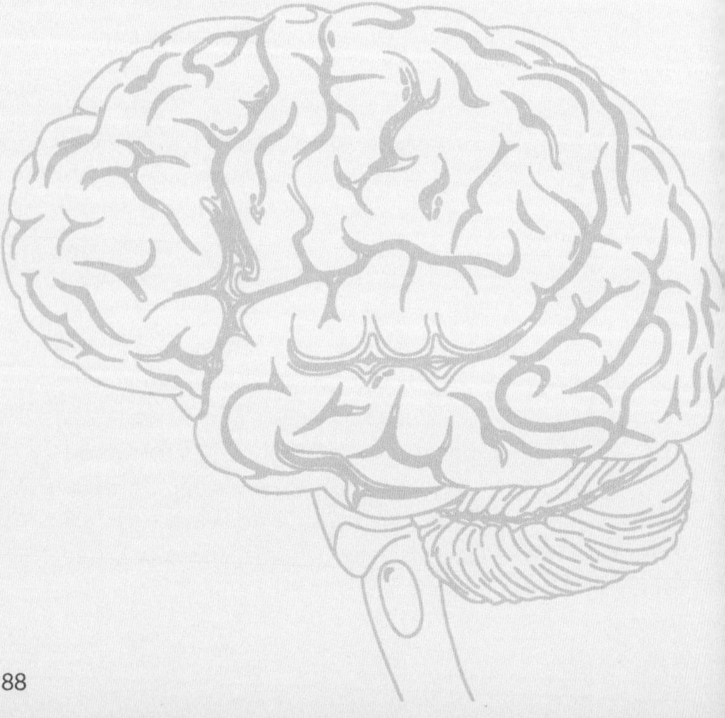

Russische Heiltechniken und die Merkaba

Eine weitere Schule, die im Moment an die Öffentlichkeit strebt, lehrt die russischen Heiltechniken nach Gregori Grabovoi und Arkadi Petrov. Beide arbeiten ebenfalls mit einer Art innerem Bildschirm und greifen auf verschiedene Ebenen der menschlichen Seele zu. Mit Hilfe dieser Techniken sollen die inneren Strukturen des Körpers so aktiviert werden, dass die einzelne Zelle wieder in der Lage ist, auf die Informationen des »göttlichen Idealprojektes« zuzugreifen, die ihr sagen, welches ihre Aufgabe in einem perfekten harmonischen und gesunden Körper ist. Es kursieren Geschichten über Wunderheilungen sowie nachgewachsene Zähne und Organe.

Es gibt Hinweise darauf, dass die drei Lehrer Bronnikov, Grabovoi und Petrov sich ursprünglich kannten und jeder für sich einen Baustein einer größeren Lehre aus Geheimschulen oder Geheimdienstkreisen mitgenommen hat.

Interessanterweise deckt sich das gemeinsame Wissen dieser Schulen mit dem, was wir heute über die Merkaba wissen. Nach den russischen Erkenntnissen ist die Welt, die wir täglich wahrnehmen, nicht existent. Das menschliche Energiefeld besitzt eine Kugel um den Körper mit rund 1 Meter Radius. Eine zweite Kugel wird in ungefähr 5 Metern Entfernung angesetzt. Zwischen diesen beiden Kugeln bilden sich alle Informationen, Strukturen und Bilder in Form von stehenden Wellen ab, die wir dann wie bei einem Hologramm als unsere Realität interpretieren.

Verglichen mit der Merkaba gibt es dort einen ähnlichen Aufbau. Wir haben die geometrische Figur des Sterntetraeders um uns, das von einer Kugel umgeben wird. Bei einer Körpergröße von 1,80 Metern beträgt der Radius dieser Kugel ca. 1,10 Meter. Die größere Kugel befindet sich am äußersten Rand der Merkabascheibe in 9 bis 10 Metern Entfernung. Die unterschiedlichen Maße der großen Kugel können sich dadurch ergeben, dass die russischen Messungen mit einem anderen Bewusstseinszustand oder Energieniveau durchgeführt worden sind (siehe auch Abb. S. 47).

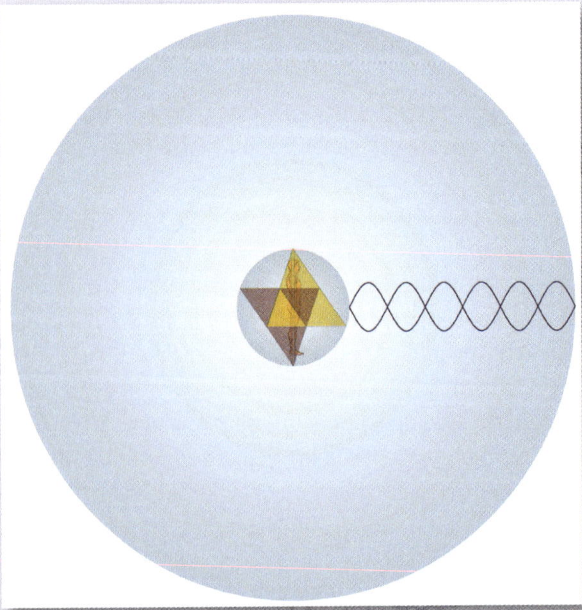

Der Weg über die Augen

»Durch die Augen sieht man in die Seele«, sagt der Volksmund. Wenn ein Mensch besonders lebendig und im Einklang mit seinem Weg ist, strahlen seine Augen. Viele alte Schriften berichten davon, dass das Auge direkt mit dem Herzen und der Seele verbunden ist, und zeichnen dabei ein einheitliches Bild. Es gibt im Herzen des Menschen eine Quelle: Aus ihr steigt ein spirituelles Licht auf, das durch die Augen nach außen tritt. Dabei sind die Augen nicht die Empfänger, sondern die Sender der Realität. Einen kurzen Moment danach nehmen wir die soeben geschaffene Welt wahr und halten sie für eine feste Wirklichkeit.

In der Alltagswelt sind wir ständig von Radio- und Funkwellen etc. umgeben, die wir nicht spüren können. Mit dem passenden Decoder öffnet sich jedoch plötzlich eine neue Dimension, und wir haben Zugriff auf eine andere Informationsebene. Mit einem Telefon können wir uns ins Telefonnetz einwählen. Nehmen wir einen Radioempfänger, sind wir in der Lage, Radio zu hören. Mit dem Surfstick ist es möglich, sich beinahe von überall mit dem Internet zu verbinden.

Die Heilige Geometrie beschreibt den Aufbau des kosmischen Informationsfeldes bzw. der Struktur des Bewusstseins. In diesem Feld sind alle Welten und Universen vorhanden, nur getrennt durch unterschiedliche Schwingungsfrequenzen. Im Falle des Menschen ist die Merkaba der Decoder, der dieses Hintergrundfeld liest und uns als Realität vorspielt.

Im Automatikmodus, in dem die meisten Menschen laufen, funktioniert dies automatisch. Wir bekommen ständig eine Welt vorgespielt und halten sie für wahr, da wir keine andere kennen. Beginnen wir aber, unsere Merkaba und den Biocomputer bewusst einzusetzen, können wir direkt Einfluss auf die äußere Wirklichkeit nehmen.

Unser Gehirn arbeitet selektiv, indem es für uns die Informationen hervorhebt, die wichtig zu sein scheinen. Viele moderne Bücher gehen deswegen davon aus, dass wir selbst die Schöpfer unserer Realität sind. Es gibt aber auch Hinweise darauf, dass das Bewusstsein Materie direkt beeinflussen kann. Wenn wir uns mit einer Sache sehr intensiv beschäftigen, begegnen wir ihr auf einmal ständig in unserem Umfeld, obwohl sie vorher scheinbar nie da gewesen ist. Das Gehirn filtert dabei die Informationen heraus, die zu dem Thema passen, mit dem wir uns gerade beschäftigen. Auf diese Art und Weise ist der Ort im Leben, an dem wir uns befinden, ein Ausdruck dessen, was in uns ist, bewusst oder unbewusst. Wir suchen uns die Freunde, Orte und Arbeitsplätze danach aus, was unserer Meinung nach passend für uns ist.

Schaffen und Kreieren

Aus der Sicht der Urvölker ist es zum Beeinflussen der Realität nötig, alle Körper zu beteiligen. Möchten Schamanen zum Beispiel Regen manifestieren, ist es wichtig, sich mit der Erde zu verbinden und so zu handeln, als sei das Gewünschte bereits manifest. Im nächsten Schritt sollten sie das Bild in sich tragen, wie der Regen fällt. Auf der emotionalen Ebene ist es wichtig, die Freude über den ersehnten Regen zu empfinden, der endlich den Boden benetzt; auf der körperlichen Ebene muss gefühlt werden, wie die Tropfen die Haut berühren. Wenn diese drei Bedingungen erfüllt sind, tritt die Erde mit den Schamanen in Kommunikation und übermittelt ihnen den Zeitpunkt der Umsetzung. Denn eine Manifestation, die erst in hundert Jahren erscheint, ist in der momentanen Situation nicht hilfreich und kann kaum noch auf ihren Urheber zurückgeführt werden.

Was ein Wunder vom normalen Schaffensprozess unterscheidet, ist nur die Zeit. Auf eine Art erschaffen wir die Welt ständig neu. Jeden Tag verändern wir Dinge um uns herum und nehmen damit Einfluss auf die Wirklichkeit. Wenn ein Bauherr mit Hilfe eines Architekten ein Haus errichtet, manifestiert er bereits auf seine Art. Er hat eine Vorstellung davon, was er möchte, er hat ein Gefühl, wie schön es ist, in dem Haus zu leben, und er spürt mit seinem Körper das Sein im Haus. Diese Manifestation folgt allerdings einem logischen Weg, den wir zu akzeptieren bereit sind. Mit jeder Schöpfung lernen wir Menschen immer besser, wie es geht, und manifestieren immer schneller. Heute hat bereits jeder eine Manifestationsmaschine in seinem Büro. Wir nennen sie Drucker; und doch ist dies bloß ein technisches Gerät, das unsere Vision aus der virtuellen Realität im Computer in die manifestierte Realität umsetzt. Und wir werden sogar noch schneller. Wir stehen bereits an der Schwelle zu 3-D-Druckern, die in der Lage sind, eine beliebige Gedankenform in ein dreidimensionales Objekt zu verwandeln, bis wir akzeptieren können, dass wir die Wirklichkeit auch direkt ändern und aus dem Nichts erschaffen können.

Alle unsere Schöpfungstechniken basieren auf unseren Grundannahmen über die Realität. Wir haben bisher geglaubt, die Realität sei fest und es erfordere Arbeit, sie zu ändern. Und das ist genau das, was wir bekommen haben. Erst durch die Quantenphysik lernen wir langsam, dass die Welt auch anders sein kann. Als die Kogis, ein Urvolk aus Guatemala, mit Drunvalo Melchizedek Kontakt aufnahmen, da sie ihre Botschaft an die Menschheit übermitteln wollten, war eine der ersten Fragen, die sie an ihn stellten, wie wir es schaffen, dass die Welt fest ist.

Der bisherige Weg des Erschaffens bringt aber leider ein Problem mit sich: Er wird meistens vom Gehirn gesteuert. Damit muss er einer gewissen Logik von A nach B hin zu C folgen. Unser Gehirn besteht aus zwei Hälften. Damit verbunden ist eine polare Sichtweise der Welt. Wenn ich mir mit Hilfe von Vorstellungsübungen Reichtum manifestiere, wird das Geld auf einer anderen Ebene fehlen. Oder ich manifestiere damit eine andere Art von Rückschlag, die dazu beiträgt, dass das Gesamtergebnis ausgeglichen bleibt. Da sich die meisten Lehren dieser Grundprinzipien nicht bewusst sind, ändert sich nicht wirklich viel in der Welt. So viele Menschen beten für den Frieden. Solange sie es aber vom Kopf her tun, werden sie den Krieg immer mit erschaffen. Es findet nicht wirklich eine Besserung statt. Das Verständnis für den richtigen Weg führt noch eine Stufe tiefer in das Mysterium des Menschen und das Zentrum, aus dem heraus alles entsteht.

8. Der Weg des Herzens

Gehen wir noch einmal zurück zum Anfang. Es gibt nur *ein* Bewusstsein, *ein* Wesen und *eine* Persönlichkeit, die alles durchzieht. Es hat die Fähigkeit, sich auszudehnen, um *alles,* oder sich zusammenzuziehen, um *etwas* zu sein. In der Großen Leere zog es sich zu einem Punkt zusammen und erschuf von da aus die Welt. Alle Wesen sind immer noch mit diesem Urbewusstsein verbunden. Und alle Wesen sind gleichberechtigt in der Nutzung und Änderung des Großen Bauplanes. Ein jedes Wesen hat die Fähigkeit, sich wieder zu verbinden und eins zu werden mit dem Urgrund. Egal, wie weit wir weg zu sein scheinen, keine Erinnerung ist für immer verloren. Die Tür zu unserem Zuhause steht immer offen, wir müssen uns nur um ein paar Zentimeter bewegen.

Der Mensch besitzt drei Zentren, aus denen heraus er etwas erschaffen kann. Das erste Zentrum ist das Gehirn und bestimmt unsere momentane Welt. Auch das zweite Zentrum, unsere Sexualität mit ihrer archaischen Kraft, wird von uns ständig benutzt. Viele Künstler nutzen diese Kraft, um ihrer Kreativität freien Lauf zu lassen, manche Magier oder Tantriker benutzen es zum Erschaffen. Und die meisten Menschen nutzen es, um neues Leben zu zeugen. Es gibt eine Verbindung zwischen dem Gehirn und der Sexualität, die der Stimulierung dienen kann. Die Hauptkraft jedoch kommt aus den Lenden. Das Besondere hierbei ist, dass sich im Gegensatz zum Gehirn die Polaritäten vereinigen müssen, damit neues Leben entstehen kann.

Das große Geheimnis

Es gibt ein Geheimnis, das im Innersten aller Religionen verborgen liegt. Um zu diesem Geheimnis zu gelangen, war es erforderlich, sehr lange zu studieren. In tibetischen Systemen musste ein Mensch 14 Inkarnationen durchlaufen, ehe er für würdig befunden wurde, das letzte Mysterium zu erfahren. Es gibt ein drittes Zentrum, aus dem heraus die Welt verändert wird. Es ist das wichtigste Zentrum, da die Welt aus ihm einst erschaffen wurde, und liegt zwischen den beiden anderen: Es ist das Herz selber. Wenn ein Wesen durch die einzelnen Schritte der Geometrie geht, sich die eine Zelle weit genug geteilt hat und der Embryo ca. 512 Zellen besitzt, nistet er sich in der Gebärmutter ein. Es bildet sich eine eigene Kugel mit einem Nord- und einem Südpol. Im rechten Winkel dazu formt sich die Keimscheibe, der Kern des neuen Wesens. Diese Scheibe bildet eine Furche, aus der verschiedene Rohre erwachsen: der Verdauungskanal, die Wirbelsäule und die ersten Blutgefäße. Deren Adern vereinigen sich in einem Wirbel und beginnen zu pulsieren. Das Herz ist somit das erste Organ, das entsteht. Im HeartMath-Institut an der Stanford Universität wurde festgestellt, dass das Herz von zwei starken torusförmigen Feldern umgeben ist. Diese beiden Tori liegen ineinander und haben ein gemeinsames Zentrum.

Auch das menschliche Bewusstsein besitzt noch die Fähigkeit, sich ins Unendliche auszudehnen oder zu einem Punkt zusammenzuziehen, der sich frei in Raum und Zeit bewegen kann. Bei den meisten Menschen ist das Bewusstsein jedoch zusammengezogen und fest verbunden mit dem physischen Körper – in ca. 99 Prozent der Fälle in der Mitte des Kopfes. Der Weg nach Hause und zum Aufstieg öffnet sich dann, wenn es gelingt, dieses Zentrum zu verlassen, um das dritte Zentrum zu finden.

Durch die Pranaröhre in der Mittelachse des Körpers sind wir mit dem Kosmos und der Erde verbunden. Alle Religionen kennen ein ähnliches Ritual, um sich vor einer Zeremonie mit dem Universum zu verbinden. Es wird auf verschiedene Arten durchgeführt. Kern der Meditation, die bei Drunvalo Melchizedek »Einheitsatem« heißt, ist es, sich in seinem Herzen zu sammeln und bewusst mit Himmel und Erde Kontakt aufzunehmen. Der Einheitsatem öffnet die Verbindung mit dem ganzen Kosmos, die hier auf der Erde wirken kann. Wer sich auf diese Art mit dem Kosmos verbunden hat, steht beinahe als kosmischer Botschafter da und atmet mit dem Universum. Die einfließende Energie wird aus dem Herzen in alle Richtungen ausgestrahlt und bettet das eigene Wesen wieder als Teil eines symbolischen Dreiecks in die göttliche Familie ein. Als Kind des Universums und der Erde fließt die Liebe von der Erde zu uns und von uns zur Erde, vom Himmel zu uns und von uns zum Himmel, genauso wie die Energie zwischen der Erde und dem Kosmos fließt. Ist dieser Zustand erreicht, ist der Weg frei, um vom Kopf ins Herz zu gehen.

Der Heilige Raum

In unserem physischen Herzen gibt es einen Platz, der »der Heilige Raum des Herzens« genannt wird. Das ist der Vorraum zu einer weiteren Kammer, der kleinen Kammer des Herzens. Das Wissen um diese zwei Kammern ist das am besten gehütete Geheimnis aller Religionen. Es gibt nur wenige Bücher, die darüber berichten. Die Ureinwohner Neuseelands, die Waitaha, haben vor Kurzem erstmals ihre uralten Überlieferungen veröffentlicht, in denen sie erzählen, wie sie aus dem Herzen heraus in dieser Welt erschienen sind. Die »Upanischaden« berichten von den Erfahrungen der Mystiker, wenn sie in diesen Raum eintreten. Im Judentum soll es ein geheimes Buch der Tora über diese Räume geben, das bis heute noch nicht öffentlich gemacht worden ist.

Im Jahr 2003 vermittelte Drunvalo Melchizedek erstmals genauere Anweisungen, wie der Weg in diesen Raum gegangen werden kann. Im Christentum gab es eine eigene Form der Herz-Jesu-Frömmigkeit, in der es um das Heilige Herz Jesu ging. Dabei ist nicht klar, ob die Anhänger das Geheimnis kannten; es scheint jedoch, als sei die intensive Beschäftigung mit diesem Herzen Hinweis genug, sich diesen Ort genauer anzusehen. Dass Jesus auf manchen Bildern mit zwei Fingern auf das Herz zeigt, mag sogar ein Zeichen sein, dass es eine kleine Kammer in diesem Heiligen Raum gibt (Abb. S. 83).

Das Besondere ist, dass der Zugang zu diesen beiden Räumen durch einen Filter gesichert ist. Hinein gelangt nur, wer in reiner Liebe ist. Deswegen ist es wichtig, vorher den Weg des Einheitsatems zu gehen, um sich auf die Begegnung mit dem heiligsten Platz des Universums vorzubereiten. Wer sein Bewusstsein aus dem Kopf wieder zu einer kleinen Kugel verdichtet, kann sich wie in einem Fahrstuhl entlang der Pranaröhre nach unten in den Brustraum gleiten lassen. Auf Höhe des Herzens führt der Weg nach links hinter das physische Herz. Ungefähr in der Mitte der Rückseite gibt es einen Wirbel oder einen dunklen Punkt, das ist der Eingang. Bei der Bewegung zu diesem Punkt wird das verdichtete Bewusstsein eingesaugt. Wie bei einem Flug durchs All kann es in einer kleinen Achterbahnfahrt ins Innere des Herzens gehen. Wenn die Bewegung stoppt, ist die äußere Kammer erreicht. Sie ist der persönlichste Ort des Universums. Dort liegen all unsere Erinnerungen, alle Leben, die wir gelebt haben, alle Schulungen, die wir durchlaufen haben, und auch der verborgene Schlüssel zu unserer Aufgabe hier auf diesem Planeten. An diesem Ort gibt es nur eine Anweisung:

Erinnere dich ...

Erinnere dich an den Anfang der Schöpfung und bitte um Licht. Es wird kommen, manchmal mit einer kleinen Verzögerung. Alles Weitere kann sich von dort entfalten. Halte inne, beobachte, was passiert. Manche sagen, es sei der stillste Ort des ganzen Universums. Lausche. Betrachte alle Bilder und Objekte und vertraue auf deine Führung.

Die kleine Kammer

Innerhalb des Heiligen Raumes gibt es einen zweiten Raum, die kleine Kammer des Herzens. Dies ist der Raum, aus dem heraus die Schöpfung ihren Anfang nahm. Erinnerst du dich an das hermetische Gesetz »Wie oben, so unten«? Es umfasst noch eine Regel: »Wie innen, so außen.« In diesem Raum befindet sich das ganze Universum. Von dort aus ist es möglich, mit jedem Wesen aus allen Zeiten direkten Kontakt aufzunehmen. Es ist möglich, sein Höheres Selbst zu treffen und jede Frage zu stellen, die schon immer gestellt werden wollte. Die Antwort auf alle Fragen war schon immer da. Sie ist nur ein paar Zentimeter entfernt.

Und wenn es eine Rettung für unsere Welt gibt, dann ist diese kleine Kammer im Herzen der einzige Ort, aus dem heraus sie geschehen kann. Wer dort hineingeht, hat die Möglichkeit, eins zu werden mit dem göttlichen Bewusstsein. Er hat Zugriff auf die Bilderwelt des Urbauplanes und kann gemeinsam mit dem Urbewusstsein für eine neue Erde wirken. Dies ist der Ort, der alles miteinander verbindet. Es ist diese kleine Kammer im Herzen, die in jedem Wesen existiert. In Wahrheit gibt es nur eine einzige Kammer. Sie ist in jedem Wesen die gleiche. Es ist der Raum, aus dem heraus wir begonnen haben, das Universum zu schaffen, und es ist der Raum, über den die Erinnerung an den Rückweg wieder beginnt.

... alle eins

Denn im Herzen sind wir alle eins.

9. Nachklang

Als die Aufgestiegenen Meister begannen, den Weg des Aufstieges der Menschheit zu unterrichten, bauten sie eine Schule auf, die genau so konzipiert war, wie das Material immer unterrichtet worden ist. Der erste Teil war der Weg ins Herz, und von dort aus wurde im zweiten Schritt die Merkaba aktiviert. Das Problem war nur, dass der Weg nicht mehr funktionierte, da die Polarität des Planeten komplett in die männliche Richtung gekippt war. Es kamen zwar Frauen zu den Kursen, aber fast keine Männer.

Daraufhin traten die Aufgestiegenen Meister an Drunvalo heran und baten ihn, den Unterricht mit der Heiligen Geometrie zu beginnen und darüber die Merkaba zu unterrichten. Dieser Weg sprach ungefähr gleich viele Frauen wie Männer an. Am Anfang wurden in den sieben Tagen des »Flower of Life«-Kurses die Grundlagen der Geometrie um die Blume des Lebens ausgebreitet, um parallel die Merkaba schrittweise mit Absicht und Anleitung zu aktivieren. Später kamen zu den Kursen die beiden Bücher von Drunvalo Melchizedek über die Blume des Lebens dazu. Die Botschaft inspirierte so viele Menschen, die sich mit der Merkaba und dem Weg nach innen beschäftigten, dass das Material immer schneller unterrichtet werden konnte.

Wie sich mit der Zeit zeigte, sind für den Aufstieg mehrere Bestandteile nötig, und die Merkaba ist nur ein Teil davon. Dadurch, dass immer mehr Menschen das Wissen erlangt haben, kippte die Polarität zumindest so weit, dass der alte Weg wieder unterrichtet werden kann. Nun ist es wieder möglich, zuerst ins Herz zu gehen. Von dort aus kann die Merkaba sich selbst aktivieren, ohne komplizierte Schritte im Außen.

Der hier beschriebene Weg ins Herz ist erst der Anfang. In deinem Herzen liegt alles verborgen, was nötig ist für die weitere Entfaltung deines Wesens.

Drunvalo Melchizedek hat 2011 eine neue Schule gegründet: School of Remembering, die Schule des Erinnerns. In ihr kannst du bei erfahrenen Lehrern unter Anleitung die letzten Schritte erlernen. Alle Infos dazu unter:

www.drunvalo.net/sor.html

Literaturhinweise

Beutel, Andreas:
Die Blume des Lebens und der Quantenraum (DVD)
KOHA Verlag

Beutel, Andreas:
Die harmonische Ordnung des Universums (DVD)
KOHA Verlag

Hurtak, James J.:
Die Merkabah und die heiligen Schriften im Lichte der Schlüssel des Enoch
Zentrum der Einheit

Kalweit, Holger:
Dunkeltherapie
KOHA Verlag

Melchizedek, Drunvalo:
Die Blume des Lebens Band 1
KOHA Verlag

Melchizedek, Drunvalo:
Die Blume des Lebens Band 2
KOHA Verlag

Melchizedek, Drunvalo:
Aus dem Herzen leben
KOHA Verlag

Sheldrake, Rupert:
Das schöpferische Universum
Nymphenburger

Talbot, Michael:
Das holographische Universum. Die Welt in neuer Dimension
Droemer Knaur

Bildnachweis

• Julius Schnorr von Carolsfeld, 1860 – S. 2 • Hans Holbein d.J., um 1538 – S. 4 links • Laszlo Zoltan Nagy – S. 5 rechts • William Blake, 1794 und 1795 – S. 7, 15 • Andreas Geßner – S. 10 • Drunvalo Melchizedek, privat – S. 11 • Athanasius Kircher, 1652 – S. 17 • Athanasius Kircher, 1650 (socks-studio.com) – S. 21 • Leonardo da Vinci, 1492 – S. 31 • Ernst Haeckel, 1904 – S. 34 • Agrippa von Nettesheim, 1510 – S. 37 links • Anton Örtel: Drei Elfenbeinsterne, um 1620 (Staatl. Kunstsammlungen Dresden, Foto: Jürgen Karpinski) – S. 45 • Maxim Razin (Wikimedia) – S. 55 • ESO – S. 57 • Gustave Doré, 1866 – S. 59 • NASA, ESA – S. 63 • Austen Henry Layard, 1854 – S. 64 • Matsyavatara, from »L'Inde francaise ... «, engraved by Malret & Cie, Paris 1827–1835 (Bridgeman Art Library) – S. 65 • Thomas Cole: »The Course of Empire: Destruction«, 1836, Öl auf Leinwand (Bridgeman Art Library) – S. 68 • Berig (Wikimedia) – S. 75 • Gérard Jollain, um 1670 – S. 76 • Joseph Gikatilla (1248–1325) – S. 80 • Andreas Praefcke – S. 97 • Wikimedia – S. 105 • Andreas Beutel – Alle weiteren Fotos und Grafiken

Wichtiger Hinweis

Die im Buch veröffentlichten Empfehlungen wurden von Verfasser und Verlag sorgfältig erarbeitet und geprüft. Eine Garantie kann dennoch nicht übernommen werden. Ebenso ist die Haftung des Verfassers bzw. des Verlages und seiner Beauftragten für Personen-, Sach- und Vermögensschäden ausgeschlossen.

4. Auflage 2025

Cover: Sabine Dunst/Guter Punkt, München

Lektorat: Maria Müller
Layout: Birgit-Inga Weber Gesamtherstellung: Karin Schnellbach Druck: Finidr, Tschechien
ISBN 978-3-86728-202-4

Koha-Verlag GmbH- St. Sebastian 13 - 84405 Dorfen
www.koha-verlag.de - Email: info@koha-verlag.de

Der Autor

Andreas Beutel beschäftigt sich seit 1995 mit Heiliger Geometrie, freier Energie und Meditation.
Nach einer Ausbildung bei Drunvalo Melchizedek gibt er seit 1997 das Wissen um die Blume des Lebens und die Mer-Ka-Ba weiter. Er hält regelmäßig Vorträge und Seminare zu Geometrie, Mer-Ka-Ba, Bewusstseinssentwicklung und Herzöffnung.

http://www.pythagoras-institut.de

Andreas Beutel

Die »Blume des Lebens« und der Quantenraum

Eine Einführung in die Heilige Geometrie

€ [D] 14,99
DVD Single Disc, Sprache: Deutsch
Lauflänge 108 min + Bonus
ISBN 978-3-86728-167-6

Andreas Beutel

Die Harmonische Ordnung des Universums

Schwingungen im Quantenraum

€ [D] 14,99
DVD Single Disc, Sprache: Deutsch
Lauflänge 82 min + Bonus
ISBN 978-3-86728-181-2